La Filosofia dei Samurai: Saggezza del Bushido per la Vita
Autore: Hisayoshi Osawa
Editore: At Triangle S.r.l.
Dicembre 2024, Giappone

Copyright © 2024 Hisayoshi Osawa

Tutti i diritti riservati.

Nessuna parte di questo libro può essere riprodotta, distribuita o trasmessa in alcuna forma o con alcun mezzo, elettronico o meccanico, inclusa la fotocopia, la registrazione o altri metodi, senza l'autorizzazione scritta del detentore del copyright, eccetto nei casi previsti dalla legge sul copyright.

Pubblicato in Giappone da At Triangle S.r.l.

Indice dei contenuti

Prefazione.. 6
1. Introduzione: Perché la filosofia dei samurai è importante oggi 9
   1.1 Cos'è il Bushido e perché è senza tempo 9
   1.2 La connessione tra tradizione e stile di vita moderno 11
   1.3 Lezioni dalla storia: Cosa possono insegnarci oggi i samurai........ 13
   1.4 Perché il mondo occidentale è affascinato dal Bushido 15
   1.5 Obiettivi di questo libro: Saggezza per una vita appagante 18
2. L'eredità del Bushido 21
   2.1 Le sette virtù del Bushido: Una panoramica 21
   2.2 Onore (Meiyo : 名誉): Il valore dell'autostima 23
   2.3 Coraggio (Yūki – 勇気): Superare la paura e assumersi responsabilità 25
   2.4 Lealtà (Chūgi – 忠義): Fedeltà a sé stessi e agli altri................... 28
   2.5 Rispetto (Rei : 礼): L'arte della cortesia nelle relazioni 30
   2.6 Sincerità (Makoto : 誠): Il potere della verità 33
   2.7 Autodisciplina (Jisei : 自制): Il controllo della mente 35
   2.8 Compassione (Jin : 仁): Supportare e rafforzare gli altri 37
3. I samurai nel contesto storico 41
   3.1 La nascita dei samurai: Una panoramica storica 41
   3.2 I samurai e il buddismo Zen: Chiarezza mentale e concentrazione 43
   3.3 Storie di grandi samurai: 45
   3.4 La caduta dei samurai: La fine di un'era e la restaurazione Meiji .. 52
   3.5 Il Bushido nell'arte e nella letteratura: Dal haiku alla calligrafia.... 54
4. Il Bushido nel mondo moderno 58
   4.1 Applicare il Bushido nella vita quotidiana 58
   4.2 Come i principi del Bushido possono aiutare nel lavoro moderno. 60
   4.3 Conflitti con il Bushido: Le sfide del XXI secolo 63
   4.4 Ispirazioni dai samurai per le decisioni personali 65
   4.5 Esempi di personalità moderne che incarnano il Bushido 67
5. Autodisciplina e forza interiore 70

5.1 Comprendere l'autodisciplina: La base del successo 70
5.2 Esercizi per la chiarezza mentale: Meditazione e tecniche di respirazione 72
5.3 Il ruolo delle routine: Dal rituale mattutino alla pianificazione giornaliera 75
5.4 Costruire resilienza: Affrontare le difficoltà 78
5.5 La dieta dei samurai: Abitudini alimentari giapponesi tradizionali e salute 80
5.6 Natura e spiritualità: Connessione con l'ambiente 82
6. Leadership e responsabilità 86
6.1 Leadership con integrità: Vivere veri valori 86
6.2 Il Bushido e i principi di leadership moderna 88
6.3 L'equilibrio tra potere e compassione 90
6.4 L'importanza dell'esempio: I samurai come fonte d'ispirazione 93
6.5 Assumersi responsabilità nei momenti difficili 95
6.6 Promuovere autenticità nell'ambiente lavorativo 98
7. Cultura giapponese e saggezza senza tempo 101
7.1 La bellezza della semplicità: Wabi-Sabi e Bushido 101
7.2 La cerimonia del tè e il Bushido: Concentrazione nel rituale 103
7.3 Ikebana e Zen: L'arte come espressione della forza interiore 105
7.4 Il significato del kimono: Abbigliamento e simbolismo 108
7.5 I samurai e la spada: Il legame tra uomo e strumento 110
7.6 Feste e rituali giapponesi: Tradizioni nel Giappone moderno..... 112
8. Conclusione: Il cammino del samurai moderno 116
8.1 Iniziare il proprio viaggio nel Bushido 116
8.2 Passi pratici per applicare la filosofia dei samurai 118
8.3 Coraggio e umiltà: La chiave per l'equilibrio interiore 121
8.4 Portare il samurai nel cuore: Una riflessione personale 123
8.5 Pensieri finali: Saggezza giapponese per il mondo 125
9. Risorse correlate 128
Libri 128

 Film e documentari 128
 Risorse online... 129
 Attività pratiche in Italia 129
 Letture e pratiche per la crescita personale 130
 Conclusione 130
Dopo il libro 131

Prefazione

La filosofia dei Samurai evoca immagini di guerrieri impavidi, armature scintillanti e spade affilate che riflettono il sole del Giappone antico. Tuttavia, il Bushido – il codice morale che ha guidato questi straordinari combattenti – non è solo una reliquia storica, né un semplice insieme di regole per il combattimento. È un insegnamento senza tempo, una guida per la vita che parla di onore, autodisciplina, lealtà e compassione. Questi valori, nati in un'epoca e in una cultura lontane, possono offrire oggi un potente orientamento per affrontare le sfide della vita moderna.

Perché il Bushido è così importante anche oggi? In un mondo sempre più veloce e complesso, dove le distrazioni sono infinite e la pressione sociale può diventare insostenibile, i principi dei Samurai ci invitano a fermarci, riflettere e riscoprire ciò che conta davvero. Lungi dall'essere una filosofia per pochi eletti o per esperti di arti marziali, il Bushido ci insegna a trovare equilibrio, chiarezza e determinazione nelle nostre vite quotidiane.

Cosa può offrirti questo libro?

Questo libro non è solo un manuale di storia o un trattato filosofico. È un ponte tra passato e presente, tra la tradizione giapponese e le esigenze del mondo contemporaneo. Nel corso delle pagine, scoprirai non solo le virtù fondamentali del Bushido – come l'onore, il coraggio, la sincerità e la compassione – ma anche come queste possano essere applicate nella tua vita personale e professionale.

Imparerai dai grandi samurai del passato, come Miyamoto Musashi e Takeda Shingen, i cui esempi di leadership e resilienza offrono spunti preziosi per affrontare le difficoltà odierne. Esplorerai come il Bushido influenzi aspetti della cultura giapponese, dalla cerimonia del tè all'arte del Kendo, e come queste tradizioni possano ispirarti a vivere con maggiore consapevolezza e autenticità.

Ma questo libro non si ferma alla teoria. Ti offre strumenti pratici per migliorare la tua autodisciplina, rafforzare la tua resilienza mentale e affrontare le sfide con serenità e determinazione. Che tu stia cercando di superare un momento difficile, migliorare la tua leadership o semplicemente trovare maggiore equilibrio nella tua vita, il Bushido può diventare una guida preziosa.

Perché il Bushido è ancora rilevante?

In un mondo che sembra privilegiare la velocità e l'efficienza sopra ogni altra cosa, la filosofia dei Samurai ci invita a riscoprire la profondità e la bellezza delle azioni fatte con attenzione e rispetto. Il concetto giapponese di "Wabi-Sabi", ad esempio, celebra l'imperfezione e l'effimero, insegnandoci ad accettare i cambiamenti della vita con grazia. Questi insegnamenti ci ricordano che il vero successo non si misura solo in termini materiali, ma nella capacità di vivere con integrità e compassione.

Inoltre, la filosofia del Bushido non è limitata a un contesto specifico. I suoi principi universali possono essere applicati in ogni aspetto della vita: dal modo in cui affrontiamo le relazioni personali, al nostro approccio al lavoro e persino alla nostra crescita interiore. È una filosofia che parla al cuore di chiunque desideri vivere con intenzione e significato.

Un viaggio personale e culturale

Scrivere questo libro è stato per me un viaggio personale. Crescendo con un profondo rispetto per la storia e la cultura del Giappone, ho sempre sentito una connessione con i valori dei Samurai. Tuttavia, è stato solo studiando il Bushido in modo più approfondito che ho compreso quanto questa filosofia possa essere trasformativa anche per chi vive al di fuori del contesto giapponese.

Mi auguro che, leggendo queste pagine, anche tu possa intraprendere il tuo viaggio personale. Non importa se sei già familiare con la cultura giapponese o se stai scoprendo il Bushido per la prima volta. Questo libro è pensato per essere accessibile a tutti, offrendo sia spunti pratici che riflessioni più profonde.

Un invito alla scoperta

Infine, vorrei invitarti a leggere questo libro con mente aperta e curiosità. Lascia che le storie dei Samurai ti ispirino, che i principi del Bushido ti guidino e che la saggezza senza tempo di questa filosofia arricchisca la tua vita.

Il mondo moderno, con le sue sfide e le sue opportunità, non è così diverso dall'epoca in cui vivevano i Samurai. Anche noi affrontiamo battaglie – a volte contro gli altri, più spesso contro noi stessi. Il Bushido ci insegna che il vero coraggio non risiede nel combattere, ma nel vivere con sincerità, integrità e compassione.

Prendi in mano la tua spada metaforica e intraprendi il cammino del Samurai moderno. Le lezioni che troverai in questo libro non sono semplici regole, ma strumenti per vivere una vita più ricca, più autentica e più significativa.

Benvenuto nel viaggio. Che il Bushido possa illuminare il tuo cammino.

1. Introduzione: Perché la filosofia dei samurai è importante oggi

1.1 Cos'è il Bushido e perché è senza tempo

Immagina di camminare in un antico giardino giapponese, avvolto dalla quiete. L'aria è fresca, il suono dell'acqua che scorre calma la mente, e davanti a te si apre un sentiero che sembra invitarti a scoprire qualcosa di profondo e prezioso. Questo è il Bushido: un percorso di valori, disciplina e saggezza, sviluppato dai samurai e tramandato nei secoli, che ancora oggi conserva una risonanza universale.

Ma cos'è esattamente il Bushido? Letteralmente significa "la via del guerriero" (武士道), ed è il codice etico e morale che guidava i samurai, gli antichi guerrieri del Giappone. Non si tratta però di semplici regole per il combattimento o di un manuale per la guerra. Il Bushido è, piuttosto, un sistema di principi profondamente radicato nella cultura giapponese, che abbraccia la vita nella sua interezza. Onore, lealtà, coraggio, rispetto e compassione sono solo alcune delle virtù che compongono questa filosofia. Era il faro che illuminava il cammino dei samurai, ma è anche un tesoro di saggezza che, sorprendentemente, parla ancora oggi a chiunque cerchi di vivere con integrità e significato.

La forza del Bushido sta nella sua universalità. Anche se nato in un contesto storico molto specifico, quello del Giappone feudale, i suoi principi non si limitano a un'epoca o a una cultura. Sono valori senza tempo che trascendono confini geografici e barriere linguistiche. È questo il motivo per cui il Bushido è stato studiato e ammirato non solo in Giappone, ma anche in Occidente. Nel cuore del Bushido c'è la ricerca di una vita vissuta con scopo, in equilibrio tra forza e gentilezza, tra autodisciplina e compassione. Questo è qualcosa che tutti, indipendentemente dalla propria origine, possono comprendere e apprezzare.

Ma cosa rende il Bushido ancora rilevante nel mondo moderno? Viviamo in un'epoca di cambiamenti rapidi, di innovazioni tecnologiche che trasformano continuamente il nostro modo di vivere e lavorare. In questo contesto, il Bushido offre una bussola morale, una guida per mantenere saldi i nostri valori di fronte a un mondo in costante evoluzione. Ad esempio, l'onore – una virtù centrale nel Bushido – ci invita a vivere in modo autentico, rispettando le nostre promesse e assumendoci la responsabilità delle nostre azioni. In un'epoca in cui spesso prevalgono l'apparenza e l'individualismo, questo principio risuona come un richiamo a una maggiore autenticità.

Un altro aspetto del Bushido che continua a ispirare è il concetto di coraggio.

Ma attenzione: il coraggio nel Bushido non è solo una questione di forza fisica o di audacia. È la capacità di affrontare le sfide con dignità, di non arrendersi di fronte alla paura o alle difficoltà. È il coraggio di agire secondo i propri valori, anche quando è difficile, anche quando si è soli. Questo tipo di coraggio è qualcosa che può arricchire profondamente la nostra vita quotidiana, spingendoci a superare i nostri limiti e ad affrontare con serenità le incertezze del futuro.

Un elemento particolarmente affascinante del Bushido è la sua attenzione all'equilibrio tra forza e compassione. I samurai erano guerrieri addestrati, ma non erano solo uomini di guerra. La loro forza era temperata da un profondo senso di responsabilità verso gli altri e dalla consapevolezza del proprio ruolo nella società. Questo equilibrio tra potere e umanità è un insegnamento prezioso per il nostro tempo. Ci ricorda che la vera forza non risiede nell'imposizione sugli altri, ma nella capacità di ispirare e sostenere chi ci circonda.

Il Bushido non era un codice scritto in modo rigido. Era una filosofia vissuta e trasmessa attraverso l'esempio. I maestri insegnavano ai loro discepoli non solo con le parole, ma con le azioni. La quotidianità dei samurai era un continuo esercizio di autodisciplina, un impegno costante per migliorarsi e vivere in armonia con i propri valori. Questo approccio pratico è uno dei motivi per cui il Bushido è così rilevante anche oggi: non è una teoria astratta, ma una guida per la vita reale.

Inoltre, il Bushido ha influenzato profondamente molti aspetti della cultura giapponese, dal teatro al cinema, dalla letteratura alla filosofia contemporanea. Pensiamo, ad esempio, ai celebri film di Akira Kurosawa, che hanno introdotto al mondo la figura del samurai come simbolo di integrità morale e determinazione. O ancora, alle arti marziali come il Kendo o l'Aikido, che incarnano lo spirito del Bushido non solo come disciplina fisica, ma come via per la crescita personale e la realizzazione interiore.

È interessante notare come il Bushido trovi eco anche nella cultura italiana. Il concetto di onore, centrale nel Bushido, ha forti paralleli con l'idea di dignità personale e rispetto per i valori familiari e comunitari che caratterizza molte tradizioni italiane. Anche in Italia, il senso di responsabilità verso gli altri e il valore della gentilezza sono profondamente radicati, creando un ponte naturale tra le due culture. Questo dialogo tra Giappone e Italia, tra Bushido e valori mediterranei, dimostra quanto siano universali e condivisibili questi principi.

In definitiva, il Bushido è molto più di un retaggio storico. È un invito a riflettere su chi siamo e su come vogliamo vivere. È una fonte di ispirazione che ci spinge a cercare il meglio di noi stessi e a contribuire positivamente alla società. Mentre ti immergi in questo viaggio alla scoperta del Bushido, ti invito a considerare come questi antichi insegnamenti possano arricchire la tua vita quotidiana, offrendoti una guida per affrontare le sfide con forza, gentilezza e saggezza. Il cammino del guerriero non è una strada riservata a pochi: è un percorso che tutti noi possiamo intraprendere, se solo abbiamo il coraggio di farlo.

1.2 La connessione tra tradizione e stile di vita moderno

Nel mondo di oggi, caratterizzato da cambiamenti rapidi, tecnologia avanzata e una vita spesso frenetica, la parola "tradizione" potrebbe sembrare appartenere a un'epoca ormai lontana. Eppure, le tradizioni hanno il potere unico di connetterci alle nostre radici, di ricordarci chi siamo e da dove veniamo. Nel caso del Bushido, la filosofia dei samurai, questa connessione è ancora più straordinaria: non è solo un legame con il passato, ma anche una bussola che può guidarci nel presente e nel futuro.

Per comprendere il legame tra il Bushido e lo stile di vita moderno, dobbiamo prima immergerci nella natura di questa filosofia. Il Bushido non è una semplice raccolta di regole o prescrizioni morali. È un modo di vivere che abbraccia ogni aspetto dell'esistenza umana, dall'onore personale alle relazioni sociali, dalla leadership alla disciplina interiore. È una filosofia che riconosce la complessità della vita e propone un equilibrio tra forza e gentilezza, tra ambizione e umiltà, tra il perseguimento dei propri obiettivi e il rispetto per gli altri.

Ma cosa significa tutto questo nel contesto moderno? Per rispondere, possiamo esplorare come i valori del Bushido si intreccino con le sfide e le opportunità che affrontiamo oggi.

Onore e autenticità nel mondo contemporaneo

Uno dei pilastri fondamentali del Bushido è l'onore, inteso non solo come reputazione esterna, ma come fedeltà a se stessi e ai propri valori. In un'epoca in cui siamo costantemente esposti ai social media e alla pressione di apparire perfetti agli occhi degli altri, l'onore del Bushido ci invita a riscoprire l'autenticità. Essere autentici significa vivere secondo ciò in cui crediamo veramente, piuttosto che cercare di soddisfare aspettative esterne. Questo principio, se applicato, può portarci a una vita più significativa e appagante, lontano dalla superficialità e dall'incessante ricerca di approvazione.

Coraggio e resilienza di fronte alle sfide

Il Bushido celebra il coraggio, ma non nel senso banale di affrontare pericoli fisici. È il coraggio morale, la forza di fare ciò che è giusto anche quando è difficile, di affrontare le avversità con dignità e determinazione. Nel mondo moderno, dove l'incertezza è una costante – dai cambiamenti economici alla crisi climatica, passando per le sfide personali – questa forma di coraggio è più rilevante che mai. La resilienza, la capacità di rialzarsi dopo una caduta, è una diretta eredità del Bushido. È un messaggio che ci ricorda che la forza non risiede nell'assenza di difficoltà, ma nella capacità di affrontarle e superarle.

Autodisciplina come strumento di crescita personale
Viviamo in un'epoca in cui la gratificazione immediata è diventata una norma. Tuttavia, il Bushido ci insegna che l'autodisciplina è la chiave per raggiungere i nostri obiettivi più elevati. Questo non significa reprimere i nostri desideri, ma piuttosto imparare a canalizzarli verso ciò che è veramente importante. Nell'era delle distrazioni digitali, dove è facile perdere tempo in attività prive di significato, l'autodisciplina del Bushido ci invita a focalizzarci su ciò che conta davvero, a creare routine che supportino la nostra crescita e a coltivare l'arte della pazienza.

Compassione e responsabilità sociale
Un altro aspetto centrale del Bushido è la compassione, che spesso viene trascurata quando si pensa ai samurai come guerrieri. Eppure, la vera forza, secondo il Bushido, risiede nella capacità di prendersi cura degli altri, di usare il proprio potere per servire e non per dominare. In un mondo che deve affrontare sfide globali come le disuguaglianze sociali e la crisi ambientale, il principio di compassione del Bushido ci invita a guardare oltre noi stessi e a contribuire al benessere collettivo. Questo valore, radicato nella tradizione giapponese, trova un'eco profonda anche nella cultura italiana, con la sua enfasi sulla famiglia, sulla comunità e sulla solidarietà.

L'equilibrio tra modernità e tradizione
Uno degli insegnamenti più potenti del Bushido è l'importanza dell'equilibrio. I samurai vivevano in un'epoca in cui dovevano combinare la forza del guerriero con la delicatezza dello studioso e dell'artista. Questo equilibrio è particolarmente rilevante oggi, quando spesso ci troviamo divisi tra lavoro e vita personale, tra ambizione e bisogno di relax. Il Bushido ci ricorda che il successo non significa sacrificare tutto per un solo obiettivo, ma trovare armonia tra le diverse sfere della nostra vita.

Un dialogo tra culture
Infine, è interessante notare come i principi del Bushido possano dialogare con la cultura italiana. Entrambe le tradizioni condividono un profondo rispetto per l'onore, la famiglia e la comunità. In Italia, la bellezza della vita quotidiana – che si esprime nel cibo, nell'arte, nella convivialità – riflette una filosofia simile a quella giapponese, dove la semplicità e l'attenzione ai dettagli sono considerate

virtù. Questo dialogo tra culture non solo arricchisce la nostra comprensione reciproca, ma ci mostra come i valori fondamentali dell'umanità siano universali e senza tempo.

Conclusione

Il Bushido non è un modello rigido, ma un insieme di principi che possono essere adattati e reinterpretati per rispondere alle esigenze del nostro tempo. È una tradizione che non guarda al passato con nostalgia, ma che si proietta verso il futuro con saggezza e speranza. In un mondo che sembra spesso perdere di vista i valori fondamentali, il Bushido ci offre una guida per vivere con integrità, forza e gentilezza. Attraverso questa connessione tra tradizione e modernità, possiamo non solo migliorare noi stessi, ma anche contribuire a creare un mondo più equilibrato e compassionevole.

1.3 Lezioni dalla storia: Cosa possono insegnarci oggi i samurai

Quando pensiamo ai samurai, immaginiamo guerrieri coraggiosi, armature scintillanti e katana perfettamente affilate. Tuttavia, dietro l'immagine iconica dei samurai c'è molto di più. La loro storia non è solo una cronaca di battaglie e conquiste, ma un patrimonio di insegnamenti che trascendono il tempo e lo spazio. I samurai erano uomini e donne che vivevano seguendo un codice etico, il Bushido, che modellava ogni aspetto della loro vita: dal modo in cui combattevano al modo in cui pensavano, lavoravano e interagivano con il mondo. Questa eredità può offrire preziosi insegnamenti anche a noi, che viviamo in un'epoca tanto diversa dalla loro.

La storia dei samurai non è fatta solo di vittorie e sconfitte, ma anche di lotte interiori, dilemmi morali e sacrifici. Ogni fase della loro esistenza ci ricorda che il valore di una vita non si misura solo dai successi esteriori, ma dalla capacità di affrontare con dignità le sfide che ci vengono poste.

L'onore come fondamento della vita

Uno degli insegnamenti più importanti che possiamo trarre dalla storia dei samurai è il valore dell'onore. Nel loro mondo, l'onore non era un concetto astratto o limitato alla sfera pubblica: era la base su cui si costruiva ogni azione, ogni parola, ogni scelta. Per un samurai, perdere l'onore equivaleva a perdere la propria identità. Non era qualcosa che si cercava per impressionare gli altri, ma un principio che dava senso e coerenza alla propria vita.

Nel nostro mondo, dove spesso l'immagine pubblica e la reputazione sono curate più della sostanza, il concetto di onore dei samurai ci invita a riflettere su cosa significhi vivere in modo autentico. Essere onorevoli oggi potrebbe voler dire mantenere la parola data, trattare gli altri con rispetto o agire con integrità anche quando nessuno ci osserva. È un richiamo a vivere una vita guidata da valori veri, piuttosto che dalle aspettative altrui.

Il coraggio di affrontare l'incertezza

I samurai erano addestrati a fronteggiare la morte in ogni momento. Questo non significava che non avessero paura, ma che avevano imparato a dominarla. Il coraggio, per loro, non era l'assenza di paura, ma la capacità di agire nonostante essa. Questo tipo di coraggio morale è una lezione potente anche per noi. Viviamo in un'epoca di grande incertezza, in cui molte delle nostre paure – dal fallimento all'instabilità economica, dalla solitudine all'ansia del futuro – ci spingono a cercare rifugio nella sicurezza, spesso sacrificando i nostri sogni o i nostri principi.

I samurai ci insegnano che affrontare le nostre paure, piuttosto che evitarle, è la chiave per crescere. Possiamo trarre ispirazione dalla loro capacità di accettare l'incertezza come parte della vita, vedendola non come un ostacolo, ma come un'opportunità per dimostrare la nostra forza interiore.

La disciplina come mezzo per l'eccellenza

La vita di un samurai era scandita da una rigida disciplina. Ogni giorno si dedicavano non solo all'addestramento fisico, ma anche alla crescita intellettuale e spirituale. Per loro, la disciplina non era una forma di oppressione, ma uno strumento per affinare le proprie capacità e realizzare il proprio potenziale.

Nel nostro mondo, dove spesso ci lasciamo distrarre da mille stimoli e dove la procrastinazione è una tentazione costante, la disciplina dei samurai ci ricorda che il successo non arriva per caso. Che si tratti di imparare una nuova lingua, migliorare la nostra salute o raggiungere un obiettivo professionale, è la dedizione costante e la capacità di restare concentrati che fanno la differenza. La loro vita ci insegna che la disciplina non è una privazione, ma un atto di amore verso sé stessi.

L'equilibrio tra forza e compassione

Sebbene fossero guerrieri, i samurai non erano violenti per natura. La loro forza era temperata dalla compassione, dalla consapevolezza che il vero potere non risiede nella capacità di distruggere, ma in quella di costruire. Questa dualità – forza e gentilezza – è uno degli aspetti più affascinanti della loro filosofia.

Nel nostro contesto moderno, questa lezione si applica in molte situazioni: essere un leader che ispira anziché comandare, un genitore che educa con amore e fermezza, o un partner che sostiene senza dominare. I samurai ci insegnano che la vera forza non è imporsi sugli altri, ma essere una fonte di supporto e ispirazione.

L'accettazione della mortalità

Un elemento centrale della filosofia dei samurai era la consapevolezza della morte. Questo non li rendeva fatalisti, ma li spingeva a vivere ogni giorno con intensità e significato. Per loro, accettare la mortalità non significava arrendersi, ma riconoscere il valore di ogni istante.

Nel nostro mondo, dove spesso evitiamo di confrontarci con la finitezza della vita, i samurai ci offrono una prospettiva diversa. Sapere che il tempo è limitato può spingerci a valorizzare le nostre relazioni, a inseguire i nostri sogni e a vivere con maggiore gratitudine. È un invito a non rimandare ciò che è importante, a non lasciare che la routine ci rubi i momenti preziosi.

Un'eredità di valori universali

Alla fine, la storia dei samurai ci insegna che ci sono valori che trascendono le epoche e le culture. Onore, coraggio, disciplina, compassione e consapevolezza sono virtù che non appartengono solo al Giappone feudale, ma a tutta l'umanità. I samurai non erano perfetti – erano esseri umani, con i loro limiti e le loro contraddizioni – ma la loro ricerca di una vita significativa continua a ispirarci.

La loro storia non è solo una finestra sul passato, ma uno specchio in cui possiamo rifletterci oggi. Attraverso le loro vite, possiamo imparare a essere più forti, più autentici e più umani. E forse, guardando al futuro con il cuore e la mente aperti, possiamo portare avanti il loro insegnamento, costruendo un mondo guidato dagli stessi valori che li rendevano straordinari.

1.4 Perché il mondo occidentale è affascinato dal Bushido

Il fascino che il Bushido esercita sul mondo occidentale è qualcosa che attraversa i secoli. Dall'arrivo dei primi missionari e mercanti europei in Giappone nel XVI secolo, passando per le opere di scrittori come Yukio Mishima o Nitobe Inazō, fino ai film epici di Akira Kurosawa e alle moderne serie televisive, il Bushido ha sempre suscitato un senso di meraviglia e curiosità. Ma cosa rende questa filosofia così attraente per l'Occidente? Perché il codice morale dei samurai, nato in un contesto storico e culturale così distante, trova una risonanza così forte nelle menti e nei cuori occidentali?

Un codice etico universale

Il primo motivo del fascino occidentale per il Bushido risiede nella sua universalità. Sebbene le sue radici siano profondamente intrecciate alla cultura giapponese, i principi fondamentali del Bushido – come l'onore, la lealtà, la compassione e la disciplina – sono valori che trascendono le culture. Essi richiamano ideali che hanno guidato anche l'Occidente, come il codice cavalleresco medievale. Proprio come i cavalieri europei seguivano regole di condotta che combinavano abilità guerriere e virtù morali, i samurai incarnavano un equilibrio simile tra forza e rettitudine. Questo parallelismo crea un senso di connessione che rende il Bushido familiare, ma allo stesso tempo affascinante per la sua unicità.

Il fascino dell'esotico

L'Occidente è sempre stato attratto dall'esotico, da ciò che appare diverso e misterioso. Il Bushido, con la sua combinazione di spiritualità zen, ritualità e arte marziale, rappresenta un mondo che sembra quasi magico agli occhi occidentali. La figura del samurai, con la sua armatura elegante e la sua katana, è diventata un simbolo iconico del Giappone. Tuttavia, non è solo l'estetica a catturare l'immaginazione. È l'idea che dietro quella forza e quell'eleganza ci sia una profonda filosofia di vita, un modo di essere che va oltre il semplice combattimento.

In un'epoca come la nostra, dove la tecnologia ha reso tutto immediato e spesso superficiale, il Bushido offre una profondità che molti trovano rassicurante e ispiratrice. È un richiamo a un tempo in cui le persone vivevano con scopo, onorando tradizioni che davano un senso di appartenenza e identità. Questo senso di connessione a qualcosa di più grande è qualcosa che molti occidentali cercano ancora oggi.

Una guida per affrontare le sfide moderne

Un altro motivo per cui il Bushido continua a ispirare l'Occidente è la sua applicabilità ai tempi moderni. Le virtù del Bushido non sono anacronistiche: sono straordinariamente rilevanti in un mondo pieno di incertezze e complessità. L'onore, ad esempio, ci invita a vivere con autenticità e integrità in un'epoca in cui le apparenze spesso prevalgono sulla sostanza. La lealtà e la disciplina offrono un antidoto alla frammentazione e alla mancanza di direzione che molti sperimentano oggi.

Il Bushido insegna anche a trovare equilibrio tra forza e compassione, un messaggio particolarmente potente in un mondo che spesso premia l'individualismo e l'ambizione sfrenata. Per molti occidentali, queste lezioni rappresentano una via per vivere con maggiore consapevolezza, significato e connessione agli altri.

Il mito del samurai come eroe

Nella cultura occidentale, il samurai è stato spesso rappresentato come un eroe tragico, un guerriero che vive e muore per un ideale più grande di sé stesso. Questa immagine, alimentata da film e libri, richiama archetipi profondamente radicati nella tradizione occidentale: l'eroe che sacrifica tutto per un principio, che lotta contro il destino e accetta il proprio ruolo nel grande schema della vita.

Pensiamo ai film di Akira Kurosawa, come *I sette samurai*, che raccontano storie di sacrificio, coraggio e redenzione. Questi temi, sebbene presentati attraverso una lente giapponese, parlano un linguaggio universale che risuona profondamente anche in Occidente. È il racconto di ciò che significa essere umano, lottare per ciò che è giusto e accettare le conseguenze delle proprie scelte.

L'influenza del pensiero orientale in Occidente

Negli ultimi decenni, il pensiero orientale ha avuto un impatto significativo sull'Occidente, influenzando campi che vanno dalla filosofia alla psicologia, dalla spiritualità alle arti marziali. Il Bushido, con le sue connessioni al buddismo zen e alla meditazione, si inserisce perfettamente in questa tendenza. Molte persone in Occidente hanno trovato nel Bushido un modo per integrare la spiritualità e la pratica quotidiana, per coltivare una mente chiara e un cuore saldo.

L'enfasi del Bushido sulla disciplina interiore e sull'autoregolazione è particolarmente attraente in un'epoca in cui il ritmo della vita moderna può essere travolgente. Attraverso la pratica di valori come la calma, la riflessione e la perseveranza, il Bushido offre una via per ritrovare equilibrio e significato.

Un ponte tra culture

Infine, il fascino del Bushido risiede anche nella sua capacità di fungere da ponte tra Oriente e Occidente. In un mondo sempre più globalizzato, le culture non si limitano a influenzarsi a vicenda: si arricchiscono reciprocamente. Il Bushido rappresenta un esempio perfetto di come una tradizione profondamente radicata in un contesto culturale specifico possa essere adattata e apprezzata in un altro.

Per gli occidentali, il Bushido non è solo una filosofia giapponese, ma una fonte di ispirazione che può arricchire la propria vita. Non è necessario diventare samurai per adottarne i principi: chiunque può trarre beneficio dalla loro applicazione, che si tratti di coltivare maggiore autodisciplina, vivere con integrità o affrontare le difficoltà con coraggio.

Conclusione

Il mondo occidentale è affascinato dal Bushido perché rappresenta qualcosa di raro e prezioso: un codice di vita che unisce forza e gentilezza, tradizione e modernità, individualità e responsabilità verso gli altri. È una filosofia che ci invita a guardare dentro di noi, a riflettere su ciò che conta davvero e a vivere con maggiore intenzionalità.

Attraverso il Bushido, l'Occidente non solo scopre una parte del Giappone, ma anche una parte di sé stesso. Questo scambio culturale arricchisce entrambi i mondi, dimostrando che, nonostante le differenze, gli esseri umani condividono aspirazioni e valori universali. E proprio in questa connessione, tra Oriente e Occidente, passato e presente, risiede il vero potere del Bushido.

1.5 Obiettivi di questo libro: Saggezza per una vita appagante

Immagina di intraprendere un viaggio, un percorso che ti porta a scoprire un mondo lontano, ma anche una parte profonda di te stesso. Questo libro non è solo una finestra sulla filosofia dei samurai e il loro codice morale, il Bushido. È anche una guida pratica per trovare ispirazione nella loro saggezza e applicarla alla tua vita quotidiana. Viviamo in un'epoca che sembra offrirci tutto e nulla allo stesso tempo: infinite opportunità, ma anche un costante senso di insoddisfazione. Gli obiettivi di questo libro sono semplici, ma profondi: aiutarti a riscoprire ciò che conta davvero, a vivere con autenticità e a trovare un equilibrio tra il tuo mondo interiore e quello esterno.

Comprendere il Bushido e la sua essenza
Il primo obiettivo di questo libro è introdurre il lettore al Bushido, non come una reliquia del passato, ma come una filosofia viva, rilevante per il presente. Il Bushido non è un insieme di regole rigide, ma un percorso di crescita personale basato su virtù senza tempo come l'onore, la lealtà, il coraggio e la compassione. Attraverso le storie dei samurai, esploreremo come questi principi possano guidarci nelle decisioni difficili, nelle relazioni con gli altri e nel nostro modo di affrontare le sfide della vita.

Non si tratta solo di conoscere i samurai come guerrieri, ma di comprenderli come esseri umani che, sebbene vissuti in un'epoca completamente diversa, condividevano molte delle stesse domande fondamentali che ci poniamo oggi: Qual è il significato della vita? Come possiamo vivere in modo autentico? Come affrontiamo la paura e l'incertezza? Attraverso il Bushido, questo libro cerca di rispondere a queste domande, offrendo una prospettiva che trascende i confini culturali.

Colmare il divario tra tradizione e modernità
Uno degli obiettivi principali di questo libro è creare un ponte tra la tradizione giapponese e il mondo moderno. La saggezza del Bushido non appartiene esclusivamente al Giappone feudale: è un'eredità universale che può essere adattata a contesti culturali diversi. Viviamo in un'epoca in cui il ritmo della vita è sempre più veloce, dove spesso perdiamo di vista ciò che è davvero importante. Il Bushido ci invita a rallentare, a riflettere e a vivere con intenzione.

In Italia, come in molte altre culture occidentali, esistono valori che risuonano profondamente con quelli del Bushido. L'importanza della famiglia, il rispetto per le tradizioni e il valore della comunità sono elementi che accomunano le due culture. Questo libro vuole sottolineare queste connessioni, mostrando come il Bushido possa essere non solo compreso, ma anche integrato nella vita quotidiana di un lettore italiano.

Fornire strumenti pratici per la crescita personale

La teoria è importante, ma non sufficiente. Un altro obiettivo di questo libro è fornire strumenti pratici che possano aiutarti a crescere come individuo. Attraverso esercizi di riflessione, storie ispiratrici e suggerimenti concreti, esploreremo come applicare i principi del Bushido al lavoro, alle relazioni e alla tua crescita personale.

Ad esempio, come puoi sviluppare una maggiore autodisciplina per raggiungere i tuoi obiettivi? Come puoi coltivare il coraggio di prendere decisioni difficili? Come puoi praticare la compassione in un mondo spesso dominato dall'individualismo? Questo libro non si limita a raccontare la storia dei samurai: ti invita a diventare il protagonista del tuo viaggio di trasformazione.

Riscoprire il significato dell'onore e dell'autenticità

Nel mondo moderno, dove l'apparenza spesso conta più della sostanza, l'onore è una virtù che sembra essere stata dimenticata. Questo libro si propone di riscoprire il vero significato dell'onore, non come qualcosa di imposto dagli altri, ma come una guida interiore che ci aiuta a vivere con autenticità e integrità. L'onore, secondo il Bushido, non è solo una questione di reputazione: è una scelta consapevole di vivere secondo i propri valori, indipendentemente dalle circostanze esterne.

Attraverso le pagine di questo libro, esploreremo come l'onore possa essere una fonte di forza interiore, un faro che illumina il nostro cammino anche nei momenti più difficili. È un invito a guardare dentro di noi e a chiederci: stiamo vivendo la vita che vogliamo veramente, o stiamo seguendo un percorso tracciato da altri?

Offrire ispirazione per affrontare le sfide della vita

Infine, questo libro si propone di ispirarti. Non pretende di avere tutte le risposte, ma spera di offrirti nuove prospettive e strumenti per affrontare le sfide con forza e serenità. Attraverso le storie dei samurai e le riflessioni sui principi del Bushido, voglio mostrarti che anche nei momenti più difficili c'è sempre una via per ritrovare equilibrio e significato.

Il Bushido insegna che ogni difficoltà è un'opportunità per crescere, ogni caduta un'occasione per rialzarsi con maggiore consapevolezza. È un messaggio che risuona profondamente in un'epoca in cui molti di noi cercano risposte a domande complesse, in cui il bisogno di connessione e significato è più forte che mai.

Un invito al lettore

In definitiva, l'obiettivo di questo libro non è solo raccontare la storia dei samurai o spiegare il Bushido come filosofia. È invitarti a riflettere su te stesso, a esplorare i tuoi valori e a considerare come questa saggezza antica possa arricchire la tua vita. Non importa quale sia la tua età, il tuo background o le tue esperienze: il Bushido ha qualcosa da offrire a chiunque sia disposto ad ascoltarlo.

Mentre leggi queste pagine, spero che tu possa trovare non solo ispirazione, ma anche il coraggio di intraprendere il tuo viaggio personale verso una vita più autentica e appagante. Che il Bushido possa diventare per te ciò che è stato per i samurai: una guida, una forza e una fonte di luce nei momenti di incertezza.

2. L'eredità del Bushido

2.1 Le sette virtù del Bushido: Una panoramica

La filosofia del Bushido, il codice morale che guidava la vita dei samurai, non è una semplice lista di regole, ma una vera e propria guida per vivere in armonia con sé stessi e con gli altri. Al centro di questa filosofia ci sono sette virtù fondamentali, sette principi che riflettono l'essenza del Bushido e che rappresentano una guida per chiunque desideri vivere con integrità e forza interiore. Questi ideali non erano solo valori astratti: erano praticati quotidianamente dai samurai, diventando parte integrante del loro essere. Le sette virtù del Bushido non solo definivano la vita dei guerrieri giapponesi, ma offrono anche lezioni preziose per affrontare le sfide della vita moderna.

Ogni virtù del Bushido è strettamente legata alle altre, creando una rete di principi che si sostengono e si rafforzano a vicenda. Un samurai non poteva incarnare una sola virtù ignorando le altre: l'armonia tra questi valori era fondamentale per vivere secondo la via del guerriero. Nei capitoli successivi, esploreremo ogni virtù in dettaglio, ma questa panoramica offre un'introduzione alle loro caratteristiche principali e alla loro importanza nel contesto della vita samurai.

1. Onore (Meiyo: 名誉)

L'onore era il cuore del Bushido. Per un samurai, vivere senza onore era impensabile: ogni azione, ogni decisione doveva essere coerente con i propri principi morali. L'onore non era solo un riflesso della reputazione esterna, ma una questione di autostima e fedeltà verso sé stessi. Era il principio che dava senso e direzione a ogni aspetto della vita.

2. Coraggio (Yūki: 勇気)

Il coraggio era la forza che permetteva ai samurai di agire secondo i propri valori, anche di fronte al pericolo o alla paura. Non era solo una questione di affrontare la morte sul campo di battaglia, ma di vivere con audacia e determinazione in ogni situazione. Questo tipo di coraggio richiedeva una profonda fiducia in sé stessi e una forte consapevolezza della propria missione nella vita.

3. Lealtà (Chūgi: 忠義)

La lealtà era un pilastro fondamentale della vita del samurai. Essere leali significava essere fedeli non solo al proprio signore, ma anche alla propria famiglia, ai propri compagni e, soprattutto, ai propri principi. La lealtà era vista come un'espressione di rispetto e devozione, un legame che andava oltre il semplice dovere.

4. Rispetto (Rei: 礼)

Il rispetto era una virtù centrale nel Bushido, che permeava ogni relazione e ogni interazione. Trattare gli altri con cortesia e dignità era una dimostrazione di forza interiore, non di debolezza. Per i samurai, il rispetto non era solo un comportamento sociale, ma un riflesso del proprio carattere e del proprio senso di responsabilità verso gli altri.

5. Sincerità (Makoto: 誠)

La sincerità era considerata la base di ogni relazione autentica. Essere sinceri significava agire con verità e trasparenza, senza inganni o manipolazioni. Per un samurai, la parola data era sacra, e mantenere le promesse era una questione di onore e integrità.

6. Autodisciplina (Jisei: 自制)

L'autodisciplina era la chiave per raggiungere l'eccellenza personale. Attraverso una rigorosa pratica quotidiana, i samurai affinavano non solo le loro abilità fisiche, ma anche la loro forza mentale ed emotiva. L'autodisciplina era vista come un mezzo per controllare il proprio ego e vivere in armonia con i propri obiettivi e valori.

7. Compassione (Jin: 仁)

Nonostante la loro forza e la loro capacità di combattere, i samurai erano profondamente consapevoli dell'importanza della compassione. Usare la propria forza per proteggere e aiutare gli altri era una delle massime espressioni del Bushido. La compassione non era solo un atto di gentilezza, ma un dovere morale verso la comunità.

L'interconnessione delle virtù

Queste sette virtù non erano indipendenti l'una dall'altra. Un samurai non poteva essere onorevole senza essere anche sincero, né poteva mostrare rispetto senza autodisciplina. Le virtù si intrecciavano, creando un equilibrio che rifletteva l'essenza del Bushido. Ad esempio, il coraggio senza compassione poteva portare all'arroganza, mentre la sincerità senza rispetto poteva risultare offensiva. Questa interconnessione delle virtù insegnava ai samurai l'importanza di sviluppare un carattere equilibrato e completo.

Le sette virtù nel mondo moderno

Sebbene il Bushido sia nato in un contesto storico molto diverso dal nostro, le sue virtù sono sorprendentemente rilevanti anche oggi. In un mondo spesso dominato dall'individualismo e dalla superficialità, i principi del Bushido offrono una guida per vivere con autenticità e significato. Onore, coraggio, lealtà, rispetto, sincerità, autodisciplina e compassione sono valori universali che trascendono le epoche e le culture, offrendo lezioni preziose per affrontare le sfide della vita moderna.

Questo libro esplorerà in dettaglio ciascuna di queste virtù, mostrando come possano essere applicate nella vita quotidiana per raggiungere una maggiore consapevolezza di sé, migliorare le relazioni con gli altri e costruire una vita più autentica e appagante. Seguendo la via del Bushido, possiamo trovare un equilibrio tra forza e gentilezza, tra ambizione e responsabilità, scoprendo un nuovo modo di vivere che onora il passato ma guarda al futuro con speranza e determinazione.

2.2 Onore (Meiyo : 名誉): Il valore dell'autostima

Quando si parla di samurai, una delle prime parole che viene in mente è "onore". Per questi guerrieri, l'onore non era un concetto astratto o un ideale distante, ma il cuore pulsante della loro esistenza. Il termine giapponese *Meiyo* non si limita a indicare la reputazione esterna, ma abbraccia una dimensione più intima e profonda: il valore dell'autostima, della fedeltà a sé stessi e ai propri principi. Per un samurai, vivere senza onore equivaleva a non vivere affatto, e ogni azione, ogni parola era un riflesso di questo principio fondamentale.

L'onore come fondamento della vita del samurai

Nel codice del Bushido, l'onore era il faro che guidava ogni scelta. Non si trattava di essere riconosciuti dagli altri come persone rispettabili, ma di sapere, nel profondo del proprio cuore, di aver agito in modo giusto e coerente con i propri valori. L'onore era una bussola morale che trascendeva il giudizio altrui e si radicava nella coscienza personale. Questa consapevolezza spingeva i samurai a vivere con autenticità, evitando compromessi che potessero macchiare la loro integrità.

Un esempio emblematico è rappresentato dal concetto di *seppuku*, il suicidio rituale praticato dai samurai per preservare o ristabilire l'onore. Per quanto possa sembrare estremo o incomprensibile agli occhi moderni, questo gesto simboleggiava la volontà di assumersi la piena responsabilità delle proprie azioni, dimostrando che l'onore era più importante della vita stessa. Non si trattava di una scelta dettata dalla disperazione, ma di un atto di estremo coraggio e lealtà verso sé stessi e i propri valori.

Onore e autostima: una lezione per il presente

Nel mondo moderno, il concetto di onore ha perso parte del suo significato originario, spesso confuso con l'apparenza o la reputazione esterna. Tuttavia, l'onore del Bushido ci offre una lezione preziosa: la vera autostima nasce dalla coerenza tra ciò che siamo e ciò che facciamo. Non è una qualità che ci viene conferita dagli altri, ma una conquista interiore, frutto di un impegno costante a vivere in armonia con i nostri valori.

In Italia, come in molte culture occidentali, l'autenticità e il rispetto per sé stessi sono considerati valori fondamentali. Tuttavia, in un'epoca dominata dai social media e dall'immagine, è facile cadere nella trappola di cercare approvazione esterna a scapito della propria integrità. Il concetto di *Meiyo* ci invita a invertire questa tendenza, mettendo al centro della nostra vita il rispetto per noi stessi, prima ancora che per gli altri.

Vivere con onore oggi potrebbe significare mantenere le promesse, agire con integrità sul lavoro o nelle relazioni personali, e avere il coraggio di difendere ciò in cui crediamo, anche quando è impopolare o scomodo. È una scelta quotidiana che richiede forza interiore e una profonda conoscenza di sé.

L'onore come equilibrio tra pubblico e privato

Un aspetto interessante del *Meiyo* è il suo equilibrio tra dimensione pubblica e privata. Per un samurai, l'onore era visibile nelle sue azioni, ma nasceva dalla sua interiorità. Questo equilibrio è un messaggio potente per il nostro tempo, in cui spesso diamo più importanza a ciò che gli altri vedono di noi rispetto a ciò che sentiamo dentro.

Immaginiamo un leader che prende decisioni difficili ma necessarie, non per guadagnare consenso, ma perché è convinto che siano giuste. O pensiamo a una persona che, pur avendo l'opportunità di agire in modo scorretto per ottenere un vantaggio personale, sceglie di seguire la via più etica. In entrambi i casi, vediamo il riflesso del *Meiyo*: l'abilità di agire in modo coerente con i propri valori, indipendentemente dalle pressioni esterne.

Il ruolo dell'onore nelle relazioni umane

L'onore non era solo una questione individuale per i samurai, ma influenzava profondamente le loro relazioni con gli altri. Un samurai che viveva con onore trattava gli altri con rispetto, mantenendo sempre la parola data e dimostrando lealtà verso il proprio signore, la propria famiglia e la propria comunità. Questo rispetto reciproco era alla base di una società armoniosa e stabile.

Anche oggi, l'onore può essere un collante per le relazioni umane. In un mondo in cui la fiducia è spesso minata da promesse non mantenute o comportamenti opportunistici, vivere con onore significa ricostruire quella fiducia attraverso azioni sincere e coerenti. È un modo per dimostrare rispetto non solo verso sé stessi, ma anche verso gli altri.

Un valore universale che trascende le culture

Sebbene il concetto di *Meiyo* sia profondamente radicato nella cultura giapponese, il suo messaggio è universale. L'onore, inteso come fedeltà a sé stessi e ai propri valori, è un principio che può ispirare chiunque, indipendentemente dalla propria origine culturale. In Italia, dove il senso di dignità personale e il rispetto per le tradizioni sono valori profondamente radicati, il *Meiyo* può trovare una risonanza speciale.

Possiamo immaginare il *Meiyo* come un ponte tra Oriente e Occidente, un valore che unisce le due culture nella ricerca di una vita più autentica e significativa. In questo senso, l'onore non è qualcosa di remoto o inaccessibile, ma un ideale che possiamo coltivare ogni giorno, nelle nostre scelte e nei nostri gesti.

Conclusione: vivere con onore oggi

L'onore non è un concetto antiquato, ma un principio vivo e rilevante che può guidarci in un mondo sempre più complesso. Attraverso il *Meiyo*, i samurai ci insegnano che la vera forza non risiede nella potenza fisica o nel riconoscimento esterno, ma nella capacità di vivere con integrità, rispettando sé stessi e gli altri.

In un'epoca in cui l'autenticità è spesso sacrificata sull'altare delle apparenze, il Bushido ci offre una via per ritrovare il nostro centro. Vivere con onore non significa essere perfetti, ma impegnarsi ogni giorno a essere fedeli a ciò che siamo. È un messaggio che trascende il tempo e lo spazio, e che continua a ispirare chiunque sia disposto ad ascoltarlo.

2.3 Coraggio (Yūki – 勇気): Superare la paura e assumersi responsabilità

Il coraggio, o *Yūki* (勇気), è una delle virtù centrali del Bushido, la via del guerriero. Per i samurai, il coraggio non era semplicemente la capacità di affrontare un nemico o di resistere al pericolo fisico. Era una qualità che scaturiva da una profonda forza interiore, un senso di dovere e un impegno verso ciò che era giusto. Questo tipo di coraggio non dipendeva dall'assenza di paura, ma dalla capacità di superarla, di agire con determinazione e di assumersi la responsabilità delle proprie azioni.

Il coraggio dei samurai: una scelta consapevole

Nel contesto del Bushido, il coraggio era considerato indissolubilmente legato alla rettitudine (*Gi*) e all'onore (*Meiyo*). Non era una virtù fine a sé stessa, ma uno strumento per perseguire ciò che era moralmente giusto. I samurai erano educati a sviluppare un coraggio che andava oltre l'istinto di sopravvivenza. Era una scelta consapevole, un impegno verso la propria missione nella vita.

Un esempio storico significativo è quello di Saigō Takamori, spesso chiamato "l'ultimo samurai". Saigō è ricordato non solo per il suo valore in battaglia, ma anche per il suo coraggio morale. Quando si trovò in disaccordo con il governo Meiji su questioni di principio, scelse di seguire i suoi ideali, pur sapendo che ciò avrebbe comportato sacrifici personali. Questo tipo di coraggio – la capacità di agire secondo i propri valori, anche a costo di affrontare conseguenze negative – rappresenta una delle lezioni più profonde del Bushido.

Superare la paura: una lezione universale

La paura è un'emozione naturale e universale. Può essere paralizzante, spingendoci a evitare rischi e a scegliere la via più sicura. Tuttavia, secondo il Bushido, la paura non è qualcosa da reprimere o ignorare, ma da affrontare con consapevolezza. Un samurai imparava a riconoscere la paura, a comprenderne le radici e a utilizzarla come una forza motivante.

In questo senso, il coraggio non significa agire in modo avventato o impulsivo. È piuttosto la capacità di riflettere, di guardare oltre il pericolo immediato e di prendere decisioni che siano coerenti con i propri valori e obiettivi. Questo tipo di coraggio è straordinariamente rilevante anche nella vita moderna, dove le paure possono essere legate a fallimenti personali, insicurezze lavorative o difficoltà relazionali.

Pensiamo, ad esempio, al coraggio necessario per intraprendere un nuovo percorso professionale, lasciare una situazione insoddisfacente o difendere un'idea in cui crediamo. Questi atti di coraggio quotidiano non sono meno significativi delle imprese eroiche, perché richiedono una forza interiore altrettanto grande.

Il coraggio come assunzione di responsabilità

Nel Bushido, il coraggio era strettamente connesso al concetto di responsabilità. Un samurai doveva essere pronto ad assumersi la piena responsabilità delle proprie azioni e delle loro conseguenze, sia sul campo di battaglia che nella vita quotidiana. Questo atteggiamento richiedeva una profonda maturità emotiva e una costante attenzione ai propri doveri.

Nel contesto moderno, assumersi responsabilità può significare ammettere i propri errori, affrontare le conseguenze delle proprie decisioni o prendersi cura degli altri in momenti di difficoltà. È un tipo di coraggio che si manifesta nelle piccole azioni quotidiane, ma che ha un impatto profondo sulla nostra vita e su quella delle persone che ci circondano.

Il coraggio come forza morale

Il coraggio del Bushido non si limitava all'aspetto fisico, ma si estendeva alla sfera morale e spirituale. Per i samurai, avere coraggio significava difendere ciò che era giusto, anche quando era impopolare o pericoloso. Questo tipo di coraggio morale è particolarmente rilevante nel mondo moderno, dove spesso ci troviamo a dover scegliere tra ciò che è facile e ciò che è giusto.

Ad esempio, il coraggio di opporsi a un'ingiustizia, di difendere i diritti di qualcuno o di ammettere un errore richiede una grande forza interiore. Questi atti, per quanto possano sembrare piccoli, sono espressioni di un coraggio che va oltre l'interesse personale e che contribuisce a creare una società più equa e compassionevole.

Il coraggio nel contesto italiano

In Italia, il coraggio è una virtù che risuona profondamente nella cultura e nella storia. Pensiamo alle numerose figure della Resistenza, agli imprenditori che affrontano sfide economiche o ai cittadini che lavorano per migliorare la propria comunità. Il coraggio, in questo contesto, non è solo una qualità individuale, ma un valore collettivo che rafforza i legami sociali e ispira il cambiamento.

Il Bushido, con la sua enfasi sul coraggio come forza morale e responsabilità, offre un modello universale che può essere applicato anche nella cultura italiana. È un invito a vivere con autenticità, a superare la paura e a agire con integrità in ogni aspetto della vita.

Applicare il coraggio del Bushido nella vita quotidiana

Il coraggio del Bushido non è riservato ai guerrieri o agli eroi. È una virtù che possiamo coltivare ogni giorno, nelle piccole scelte e nei momenti di difficoltà. Può significare avere il coraggio di chiedere aiuto, di perdonare, di iniziare qualcosa di nuovo o di lasciare andare ciò che non ci serve più. È il coraggio di affrontare le nostre paure interiori e di lavorare per diventare la migliore versione di noi stessi.

Attraverso la pratica del coraggio, possiamo sviluppare una maggiore resilienza, costruire relazioni più autentiche e vivere con maggiore consapevolezza e significato. È una virtù che ci invita a guardare dentro di noi, a scoprire la nostra forza interiore e a utilizzarla per creare un impatto positivo nel mondo.

Conclusione: il coraggio come stile di vita

Il coraggio, secondo il Bushido, non è un evento isolato, ma uno stile di vita. È un impegno costante a superare la paura, ad assumersi responsabilità e a vivere secondo i propri valori. È una virtù che ci sfida a crescere, a migliorare e a contribuire al benessere degli altri.

Nel mondo moderno, dove le sfide sono diverse ma non meno impegnative, il coraggio del Bushido ci offre una guida preziosa. Ci ricorda che, anche nei momenti di difficoltà, possiamo trovare la forza per agire con integrità e determinazione. Vivere con coraggio significa vivere con intenzione, scegliendo di affrontare la vita con apertura, forza e una profonda connessione ai nostri valori.

2.4 Lealtà (Chūgi – 忠義): Fedeltà a sé stessi e agli altri

La lealtà, o *Chūgi* (忠義), è una delle virtù più profonde e significative del Bushido. Per i samurai, la lealtà non era solo un obbligo verso il proprio signore, ma un valore che permeava ogni aspetto della vita. Essa rappresentava un legame invisibile ma potente, che univa il guerriero alla sua comunità, alla sua famiglia e, soprattutto, ai suoi ideali. Era una virtù che richiedeva impegno, sacrificio e un profondo senso di responsabilità.

Nel mondo moderno, la lealtà è spesso messa alla prova da un ambiente sociale ed economico in continua evoluzione, dove le relazioni e gli impegni possono sembrare fragili o temporanei. Tuttavia, la lealtà del Bushido ci offre una prospettiva diversa, una guida per coltivare legami autentici e duraturi, basati sulla fiducia reciproca e sulla fedeltà ai propri valori.

Lealtà e identità: il fondamento del samurai

Per un samurai, essere leale significava essere fedele non solo al proprio signore, ma anche a sé stesso. Questo aspetto rende la lealtà del Bushido straordinariamente attuale, perché sottolinea l'importanza di vivere in armonia con i propri principi. La lealtà non era vista come una sottomissione cieca, ma come una scelta consapevole di servire una causa più grande, mantenendo al contempo la propria integrità personale.

Un esempio emblematico di lealtà è rappresentato dalla storia dei *Quarantasette Ronin*, che scelsero di vendicare il loro signore nonostante sapessero che ciò avrebbe comportato la loro morte. Questo gesto, apparentemente estremo, dimostra quanto la lealtà fosse radicata nel loro senso di identità e onore. Non si trattava solo di obbedire a un ordine, ma di dimostrare fedeltà a un legame che andava oltre la vita stessa.

La lealtà come responsabilità reciproca

Un aspetto fondamentale della lealtà nel Bushido è il suo carattere reciproco. Un samurai doveva essere leale al proprio signore, ma allo stesso tempo il signore aveva il dovere di proteggere e sostenere il suo guerriero. Questa reciprocità creava un rapporto di fiducia e rispetto che rafforzava l'unità della comunità.

Nel mondo contemporaneo, possiamo vedere un riflesso di questa dinamica nelle relazioni personali e professionali. La lealtà non può essere unilaterale: per essere autentica, deve essere sostenuta da un impegno reciproco. Che si tratti di un'amicizia, di una relazione familiare o di un rapporto di lavoro, la lealtà si basa su un equilibrio tra dare e ricevere, tra sostenere e essere sostenuti.

Lealtà e sacrificio: una scelta di valore

La lealtà spesso richiedeva ai samurai di compiere sacrifici, mettendo da parte i propri interessi personali per il bene comune. Questo aspetto potrebbe sembrare lontano dalla mentalità moderna, che privilegia l'individualismo e l'autorealizzazione. Tuttavia, il Bushido ci insegna che il sacrificio non è una perdita, ma un atto di forza e generosità.

Immaginiamo un genitore che lavora instancabilmente per garantire un futuro migliore ai propri figli, o un medico che dedica la propria vita ad aiutare gli altri. Questi atti di lealtà riflettono il principio del *Chūgi*, mostrando come il sacrificio possa essere una fonte di significato e di connessione con gli altri.

La lealtà verso sé stessi

Un aspetto spesso trascurato della lealtà è la fedeltà a sé stessi. Nel Bushido, questa idea era fondamentale: un samurai non poteva essere leale agli altri se non era fedele ai propri valori e ideali. Questa lealtà interiore richiedeva una profonda conoscenza di sé e un impegno costante a vivere in modo autentico.

Nella vita moderna, essere leali a sé stessi significa fare scelte che rispecchiano chi siamo veramente, piuttosto che seguire le aspettative degli altri. Può significare dire di no a qualcosa che va contro i nostri principi, o avere il coraggio di intraprendere un percorso che ci permette di realizzare il nostro potenziale. È una forma di lealtà che richiede coraggio, ma che porta a una vita più autentica e appagante.

La lealtà come forza nelle relazioni umane

La lealtà non è solo una qualità individuale, ma anche una forza che costruisce e rafforza le relazioni umane. Nel Bushido, la lealtà era il collante che teneva insieme il clan, creando una comunità fondata sulla fiducia e sul rispetto reciproco. Questo principio è altrettanto rilevante oggi, in un mondo in cui le relazioni spesso mancano di profondità e durata.

Essere leali nelle relazioni significa mantenere le promesse, sostenere gli altri nei momenti difficili e agire con sincerità e rispetto. È un impegno che richiede tempo e dedizione, ma che crea legami più autentici e significativi. La lealtà, in questo senso, è una virtù che arricchisce sia chi la pratica sia chi la riceve.

La lealtà nella cultura italiana

In Italia, il concetto di lealtà è profondamente radicato nella cultura e nella storia. Pensiamo ai legami familiari, spesso considerati sacri, o alla dedizione verso la comunità e le tradizioni locali. La lealtà è vista non solo come un dovere, ma come un'espressione di amore e di appartenenza.

Il *Chūgi* del Bushido trova quindi un'affinità naturale con i valori italiani, offrendo un'opportunità per riflettere su come possiamo rafforzare le nostre relazioni e il nostro senso di responsabilità verso gli altri. È un invito a coltivare una lealtà che vada oltre le parole, trasformandosi in azioni concrete e significative.

Conclusione: vivere con lealtà

La lealtà, secondo il Bushido, non è una virtù statica, ma un impegno dinamico che richiede attenzione, dedizione e coraggio. È un valore che ci invita a costruire relazioni basate sulla fiducia, a vivere in armonia con i nostri ideali e a contribuire al benessere della comunità.

Nel mondo moderno, dove spesso siamo tentati di privilegiare il breve termine e l'interesse personale, la lealtà del Bushido ci offre una guida per vivere con maggiore autenticità e significato. È una virtù che ci insegna non solo a essere fedeli agli altri, ma anche a noi stessi, creando una vita più ricca di connessioni e di valore.

2.5 Rispetto (Rei : 礼): L'arte della cortesia nelle relazioni

Il rispetto, o *Rei* (礼), è una delle virtù fondamentali del Bushido, un principio che va oltre la semplice cortesia superficiale. Per i samurai, il rispetto non era solo una forma di educazione o un modo per mantenere la pace sociale, ma una manifestazione della propria forza interiore e del riconoscimento del valore altrui. Era un segno di umiltà e, allo stesso tempo, una dimostrazione di dignità. Nelle relazioni quotidiane, il rispetto creava armonia, mentre nel contesto della vita samurai rappresentava un pilastro essenziale per mantenere l'ordine e il senso di comunità.

Nel mondo moderno, dove spesso la velocità e la competizione tendono a mettere in secondo piano le buone maniere e il rispetto reciproco, la filosofia del *Rei* offre una guida preziosa per migliorare le nostre relazioni e vivere in modo più consapevole.

Il rispetto come riflesso del carattere

Nel Bushido, il rispetto era considerato un riflesso diretto del carattere di un samurai. Mostrare rispetto verso gli altri non era solo un obbligo sociale, ma un'espressione del proprio valore morale. Un samurai rispettava gli altri non perché fosse obbligato a farlo, ma perché riconosceva la dignità intrinseca di ogni individuo, indipendentemente dal suo rango o dalla sua posizione.

Questo principio è ben illustrato nelle arti marziali giapponesi, dove il *Rei* si manifesta attraverso l'inchino, un gesto che non è solo un atto di cortesia, ma un simbolo di riconoscimento e gratitudine verso l'avversario. Anche in un contesto di confronto, il rispetto non viene mai messo da parte. Al contrario, esso diventa il fondamento su cui si costruisce l'interazione.

Nella vita quotidiana, possiamo applicare questo stesso principio trattando gli altri con rispetto, indipendentemente dalle differenze di opinione, cultura o status sociale. È un atto che non solo migliora le relazioni, ma eleva anche il nostro senso di umanità.

Rispetto e umiltà: un equilibrio essenziale

Una delle lezioni più importanti del *Rei* è che il rispetto nasce dall'umiltà. Per i samurai, l'arroganza e il disprezzo verso gli altri erano segni di debolezza, non di forza. Solo chi aveva una vera consapevolezza di sé poteva trattare gli altri con rispetto, senza sentirsi minacciato o superiore.

Questa lezione è particolarmente rilevante oggi, in un'epoca in cui spesso la competizione e l'individualismo ci spingono a vedere gli altri come avversari piuttosto che come alleati. Coltivare il rispetto significa riconoscere che ogni persona ha un valore unico e che possiamo imparare qualcosa da chiunque. È un atto di apertura mentale che arricchisce sia chi lo pratica che chi lo riceve.

Il rispetto nelle relazioni personali

Nel contesto delle relazioni personali, il rispetto è la base di ogni legame autentico e duraturo. Mostrare rispetto significa ascoltare l'altro con attenzione, riconoscere i suoi bisogni e trattarlo con gentilezza e considerazione. È un principio che si applica non solo nelle relazioni familiari o di amicizia, ma anche nei rapporti di lavoro e nelle interazioni casuali.

Pensiamo, ad esempio, a una conversazione in cui ci sforziamo di comprendere il punto di vista dell'altro, anche quando non siamo d'accordo. Questo tipo di rispetto non richiede di abbandonare le proprie convinzioni, ma di riconoscere che l'altro ha il diritto di avere le proprie. È un atteggiamento che costruisce ponti anziché muri, creando un terreno fertile per il dialogo e la comprensione reciproca.

Rispetto e cultura giapponese

La cultura giapponese è profondamente radicata nel concetto di *Rei*. Lo vediamo nelle piccole interazioni quotidiane, come i saluti formali, l'attenzione ai dettagli nelle relazioni sociali e il modo in cui le persone si scusano o esprimono gratitudine. Questo rispetto per gli altri è un elemento distintivo della società giapponese, che contribuisce a creare un senso di armonia e coesione.

In Italia, dove la convivialità e l'apertura sono valori centrali, possiamo trovare un'affinità naturale con il concetto di rispetto del Bushido. Tuttavia, il

Rei offre una prospettiva unica, invitandoci a praticare una cortesia più consapevole e intenzionale, che vada oltre le formalità e si radichi in un autentico apprezzamento per gli altri.

Rispetto come forma di forza

Contrariamente a quanto si potrebbe pensare, il rispetto non è un segno di debolezza, ma una dimostrazione di forza interiore. Per i samurai, trattare gli altri con rispetto era una prova di autocontrollo e di padronanza di sé. Significava agire con dignità, anche in situazioni di conflitto o di tensione.

Nel mondo moderno, questa lezione ci invita a scegliere la gentilezza anche quando ci troviamo di fronte a situazioni difficili. Pensiamo, ad esempio, a un momento in cui siamo stati trattati ingiustamente. Rispondere con rispetto, invece che con rabbia, richiede una grande forza interiore, ma può trasformare una potenziale fonte di conflitto in un'opportunità per costruire qualcosa di positivo.

Il rispetto come antidoto alla superficialità

In un'epoca in cui le interazioni sono spesso mediate dalla tecnologia e caratterizzate da una certa superficialità, il rispetto del Bushido ci invita a riscoprire l'arte della connessione autentica. Trattare gli altri con rispetto significa dedicare tempo ed energia alle relazioni, mostrando interesse genuino e valorizzando la presenza dell'altro.

Questo atteggiamento non solo arricchisce le nostre relazioni, ma ci aiuta anche a vivere con maggiore consapevolezza e gratitudine. È un invito a rallentare, a osservare e a riconoscere il valore delle persone intorno a noi.

Conclusione: vivere con rispetto

Il rispetto, secondo il Bushido, è molto più di un comportamento sociale: è un principio che riflette la nostra visione del mondo e il nostro atteggiamento verso gli altri. È un atto di umanità che ci invita a vedere il valore in ogni individuo e a trattare gli altri con dignità e gentilezza, indipendentemente dalle circostanze.

Applicare il *Rei* nella vita quotidiana significa scegliere di costruire relazioni basate sulla fiducia, sulla comprensione e sulla reciproca valorizzazione. È un messaggio che risuona profondamente sia nella cultura giapponese che in quella italiana, offrendo una guida per vivere con maggiore armonia e autenticità. Il rispetto, come ci insegna il Bushido, non è solo un dovere: è un'opportunità per arricchire le nostre vite e quelle delle persone intorno a noi.

2.6 Sincerità (Makoto : 誠): Il potere della verità

La sincerità, o *Makoto* (誠), occupa un posto centrale nella filosofia del Bushido. Per i samurai, essere sinceri non significava semplicemente dire la verità, ma vivere in modo autentico, in armonia con i propri valori e principi. La sincerità era vista come una forza interiore, un'ancora morale che guidava ogni pensiero, parola e azione. Non c'era spazio per l'inganno, né verso sé stessi né verso gli altri. La sincerità era una manifestazione di integrità, la base su cui costruire la fiducia e il rispetto reciproco.

In un'epoca come la nostra, in cui spesso prevalgono le apparenze e la comunicazione può essere manipolata, il concetto di *Makoto* ci invita a riscoprire il valore della verità e dell'autenticità. È una virtù che ci incoraggia a essere trasparenti nelle nostre relazioni, coerenti nelle nostre azioni e fedeli a ciò che siamo veramente.

La sincerità nel Bushido: un pilastro di integrità

Nel contesto del Bushido, la sincerità non era solo un ideale, ma una pratica quotidiana. Un samurai sincero non faceva promesse che non poteva mantenere e non diceva nulla che non fosse autentico. Questo principio non si limitava alle parole, ma permeava ogni aspetto della sua vita. La sincerità era strettamente legata all'onore (*Meiyo*): un samurai che mentiva o agiva in modo ingannevole compromettava la propria reputazione e la propria dignità.

Essere sinceri significava anche accettare le proprie debolezze e lavorare per superarle. Non c'era spazio per l'autoinganno o per giustificazioni superficiali. La sincerità richiedeva coraggio, perché affrontare la verità, specialmente quella che riguarda noi stessi, può essere difficile e scomodo. Tuttavia, per i samurai, questa trasparenza era essenziale per crescere e migliorare.

Il potere della verità nelle relazioni

La sincerità è la base di ogni relazione autentica. Nel Bushido, *Makoto* rappresentava un impegno verso gli altri, un modo per costruire fiducia e rispetto reciproco. Un samurai sincero non nascondeva i propri sentimenti, ma li esprimeva in modo onesto e diretto, sempre con rispetto per l'interlocutore. Questo approccio promuoveva la chiarezza e l'armonia, evitando incomprensioni e conflitti inutili.

Anche nella vita moderna, la sincerità è fondamentale per stabilire relazioni significative. Essere sinceri con gli altri non significa essere brutali o insensibili, ma comunicare in modo autentico e trasparente, rispettando i loro sentimenti e punti di vista. Pensiamo, ad esempio, a quanto sia importante essere sinceri in una relazione di coppia o in un'amicizia. Dire la verità, anche quando è difficile, rafforza il legame e dimostra che l'altro è importante per noi.

Sincerità verso sé stessi: il primo passo verso l'autenticità

La sincerità, secondo il Bushido, non si limita alle relazioni con gli altri. Una delle sue dimensioni più profonde riguarda la sincerità verso sé stessi. Essere sinceri con sé stessi significa riconoscere i propri desideri, paure e limiti, senza cercare scuse o nascondersi dietro maschere. È un atto di coraggio che richiede introspezione e una volontà di affrontare la realtà, anche quando non è piacevole.

Nel contesto moderno, la sincerità verso sé stessi è più importante che mai. Viviamo in un mondo in cui le pressioni esterne – sociali, culturali e professionali – possono spingerci a conformarci a un'immagine che non rispecchia chi siamo veramente. *Makoto* ci invita a liberarci da queste imposizioni e a vivere in modo autentico, valorizzando la nostra unicità.

Essere sinceri con sé stessi è anche il primo passo per apportare cambiamenti positivi nella propria vita. Solo riconoscendo ciò che vogliamo veramente e ciò che ci ostacola possiamo lavorare per migliorare e crescere. Questa sincerità interiore è una fonte di forza, che ci permette di affrontare le sfide con maggiore chiarezza e determinazione.

Il valore della sincerità nella cultura italiana

In Italia, la sincerità è spesso associata all'autenticità e alla passione, due tratti distintivi della cultura italiana. Pensiamo alla spontaneità delle conversazioni, alla trasparenza delle emozioni e alla profondità dei legami personali. Tuttavia, anche nella cultura italiana, può essere difficile praticare una sincerità piena, specialmente in contesti dove le apparenze o le aspettative sociali giocano un ruolo importante.

Il concetto di *Makoto* offre una prospettiva utile, incoraggiandoci a essere sinceri senza paura, sia con noi stessi che con gli altri. È un invito a vivere con maggiore autenticità, valorizzando la verità come strumento per costruire relazioni più profonde e una vita più appagante.

La sincerità come forza trasformativa

Il potere della sincerità risiede nella sua capacità di trasformare le relazioni e la vita stessa. Dire la verità, vivere in modo autentico e mantenere le promesse crea un senso di coerenza e integrità che rafforza il nostro carattere e ispira fiducia negli altri. La sincerità non è sempre facile, ma è sempre liberatoria. È un atto che richiede coraggio, ma che offre in cambio una profonda sensazione di pace e armonia.

Pensiamo a quante volte una conversazione sincera ha risolto un conflitto o ha rafforzato un legame. La verità, anche quando è scomoda, ha il potere di avvicinare le persone, di creare connessione e comprensione. È una forza che può trasformare situazioni difficili in opportunità per crescere e migliorare.

Conclusione: vivere con sincerità

La sincerità, secondo il Bushido, non è solo una virtù, ma uno stile di vita. È un impegno a essere veri, a vivere con coerenza e a trattare gli altri con rispetto e trasparenza. È una forza che ci libera dalle illusioni e ci permette di costruire relazioni autentiche e una vita piena di significato.

Nel mondo moderno, dove spesso siamo tentati di nascondere la verità o di adattarci a ciò che gli altri si aspettano, *Makoto* ci invita a riscoprire il potere della sincerità. Vivere con sincerità non significa essere perfetti, ma essere autentici, accettando i propri limiti e impegnandosi a migliorare. È un messaggio che risuona profondamente, offrendo una guida per vivere con maggiore consapevolezza, integrità e pace interiore.

2.7 Autodisciplina (Jisei : 自制): Il controllo della mente

L'autodisciplina, o *Jisei* (自制), è una delle virtù più impegnative e trasformative del Bushido. Per i samurai, il controllo di sé era essenziale per raggiungere l'eccellenza non solo sul campo di battaglia, ma in ogni aspetto della vita. Non si trattava di una rinuncia sterile o di un'autorepressione, ma di un impegno quotidiano per dominare le proprie emozioni, affinare le proprie abilità e vivere in armonia con i propri valori. L'autodisciplina era la chiave per realizzare il proprio potenziale e affrontare le sfide con calma e determinazione.

In un mondo moderno in cui le distrazioni sono infinite e la gratificazione immediata è spesso privilegiata rispetto alla perseveranza, il concetto di *Jisei* ci offre una guida preziosa per riscoprire l'importanza del controllo della mente e della volontà. È una virtù che ci insegna a superare le tentazioni, a coltivare la pazienza e a costruire una vita basata su scelte consapevoli e obiettivi a lungo termine.

L'autodisciplina nel Bushido: una pratica quotidiana

Per i samurai, l'autodisciplina era molto più di una qualità morale: era una pratica quotidiana che permeava ogni aspetto della loro esistenza. Fin dal risveglio, la giornata di un samurai era scandita da una routine rigorosa di addestramento fisico, meditazione e studio. Questo stile di vita non era solo finalizzato a prepararsi per il combattimento, ma anche a coltivare una mente lucida e un carattere forte.

Un samurai sapeva che il vero nemico da sconfiggere non era solo quello sul campo di battaglia, ma anche le proprie paure, debolezze e desideri incontrollati. L'autodisciplina era il mezzo attraverso cui si poteva raggiungere questa vittoria interiore, costruendo una forza mentale che permetteva di affrontare ogni situazione con equilibrio e determinazione.

Il controllo della mente: una sfida universale

L'autodisciplina non è una qualità riservata ai guerrieri. È una virtù universale che tutti possiamo coltivare, indipendentemente dal contesto in cui viviamo. Nel nostro mondo, il controllo della mente è spesso messo alla prova da distrazioni costanti, dalla pressione sociale e dalla tendenza a cercare soluzioni rapide ai problemi. *Jisei* ci invita a prendere il controllo delle nostre azioni e delle nostre emozioni, resistendo alla tentazione di agire impulsivamente o di seguire percorsi più facili ma meno significativi.

Immaginiamo, ad esempio, il valore dell'autodisciplina nel perseguire un obiettivo a lungo termine, come imparare una nuova abilità, migliorare la propria salute o costruire una carriera significativa. Ogni passo richiede impegno, costanza e la capacità di superare momenti di scoraggiamento o distrazione. L'autodisciplina ci insegna che il successo non è il risultato di un colpo di fortuna, ma di uno sforzo continuo e consapevole.

Autodisciplina e resilienza: affrontare le difficoltà con calma

Un aspetto fondamentale dell'autodisciplina è la sua capacità di rafforzare la resilienza. Per i samurai, *Jisei* significava mantenere la calma anche nelle situazioni più difficili, affrontando le sfide con serenità e determinazione. Questa qualità era particolarmente importante in battaglia, dove il controllo delle emozioni poteva fare la differenza tra la vittoria e la sconfitta.

Nella vita moderna, questa lezione è altrettanto rilevante. Pensiamo a come affrontiamo i momenti di stress o le situazioni impreviste: una mente disciplinata ci permette di reagire con lucidità, evitando decisioni affrettate o emotive. L'autodisciplina non elimina le difficoltà, ma ci dà gli strumenti per gestirle in modo più efficace, trasformandole in opportunità di crescita.

L'autodisciplina come via verso la libertà

Può sembrare un paradosso, ma l'autodisciplina è una via verso la libertà. Quando impariamo a controllare le nostre emozioni e i nostri impulsi, acquisiamo la capacità di scegliere consapevolmente il nostro percorso, invece di essere guidati da forze esterne o interne incontrollate. Questo tipo di libertà non è immediato, ma è profondo e duraturo.

Nel contesto italiano, dove la passione e la spontaneità sono spesso celebrate, il concetto di autodisciplina potrebbe sembrare in contrasto con questi valori. Tuttavia, *Jisei* non richiede di rinunciare alla passione, ma di incanalarla in modo costruttivo, trasformandola in una forza che alimenta la nostra crescita e il nostro successo.

Autodisciplina e cultura giapponese

La cultura giapponese è un esempio straordinario di come l'autodisciplina possa essere integrata nella vita quotidiana. Pensiamo alla precisione e all'attenzione ai dettagli che caratterizzano la cerimonia del tè, l'arte della calligrafia o la pratica delle arti marziali. Ogni gesto, anche il più semplice, è eseguito con una consapevolezza e una dedizione che riflettono il principio di *Jisei*.

Questo approccio può ispirare anche la cultura italiana, nota per la sua creatività e il suo amore per l'arte e la bellezza. L'autodisciplina del Bushido non limita l'espressione personale, ma la rafforza, fornendo una struttura che permette di raggiungere livelli più alti di eccellenza.

Coltivare l'autodisciplina nella vita quotidiana

L'autodisciplina non è una qualità innata, ma una competenza che possiamo sviluppare attraverso la pratica quotidiana. Può iniziare con piccoli gesti, come creare una routine mattutina, dedicare del tempo alla meditazione o stabilire obiettivi chiari e realistici. Ogni atto di autodisciplina rafforza la nostra capacità di affrontare sfide più grandi, creando un circolo virtuoso di crescita personale.

Un altro aspetto importante è la capacità di perdonarsi. Nessuno è perfetto, e tutti possiamo avere momenti di debolezza. L'autodisciplina del Bushido non richiede perfezione, ma impegno. Ogni volta che ci rialziamo dopo un errore e continuiamo a lavorare per migliorare, stiamo praticando *Jisei*.

Conclusione: vivere con autodisciplina

L'autodisciplina, secondo il Bushido, è una virtù che ci aiuta a realizzare il nostro potenziale e a vivere una vita più significativa. È un impegno che richiede costanza e dedizione, ma che offre in cambio una profonda sensazione di controllo, libertà e soddisfazione.

Nel mondo moderno, dove le distrazioni e le tentazioni sono ovunque, *Jisei* è una guida preziosa per costruire una vita basata su scelte consapevoli e obiettivi a lungo termine. È un invito a guardare dentro di noi, a scoprire la nostra forza interiore e a utilizzarla per creare un futuro che riflette i nostri valori e le nostre aspirazioni. Vivere con autodisciplina non significa rinunciare al piacere o alla spontaneità, ma scegliere di vivere con intenzione, trasformando ogni momento in un'opportunità per crescere e migliorare.

2.8 Compassione (Jin : 仁): Supportare e rafforzare gli altri

La compassione, o *Jin* (仁), è una delle virtù più nobili e universali del Bushido. Sebbene i samurai siano spesso associati all'immagine di guerrieri impavidi e disciplinati, il loro codice morale attribuiva un'enorme importanza alla gentilezza e alla generosità verso gli altri. Per i samurai, essere forti non significava solo proteggere sé stessi o il proprio onore, ma anche usare quella forza per sostenere e rafforzare chi era più vulnerabile. La compassione era vista non come un segno di debolezza, ma come la massima espressione della forza morale e dell'umanità.

In un mondo moderno spesso caratterizzato da individualismo e competizione, il concetto di *Jin* ci invita a riscoprire l'importanza di prendersi cura degli altri e di agire con empatia e altruismo. È una virtù che ci ricorda che la vera forza risiede non solo nel raggiungere i propri obiettivi, ma anche nel contribuire al benessere collettivo.

La compassione come dovere del samurai

Nel Bushido, la compassione non era un'opzione, ma un dovere. Un samurai aveva la responsabilità di usare il proprio potere non per dominare, ma per proteggere. Questo principio si rifletteva in ogni aspetto della vita del guerriero, dalla protezione dei deboli alla promozione della giustizia nella comunità. Essere compassionevoli significava riconoscere l'interconnessione tra le persone e agire in modo da rafforzare i legami sociali.

Un esempio storico significativo è rappresentato dalle azioni di alcuni samurai che, durante i periodi di carestia o di crisi, distribuivano cibo e risorse alla popolazione. Questi atti di generosità non erano motivati da un desiderio di riconoscimento, ma dalla profonda convinzione che il vero onore risiedesse nel servire gli altri.

Empatia e altruismo: il cuore della compassione

La compassione non si limita all'azione, ma ha le sue radici nell'empatia, la capacità di mettersi nei panni degli altri e di comprendere le loro emozioni e necessità. Per i samurai, questa empatia era coltivata attraverso la pratica della consapevolezza e dell'introspezione. Comprendere sé stessi era il primo passo per comprendere gli altri e per agire in modo autentico e altruistico.

Nel mondo moderno, l'empatia è una qualità essenziale per costruire relazioni significative e affrontare le sfide globali. Che si tratti di ascoltare un amico in difficoltà, di supportare un collega o di contribuire a cause più grandi, l'empatia ci permette di connetterci con gli altri e di agire con maggiore consapevolezza e sensibilità.

La compassione come forza nelle relazioni umane

La compassione è un collante che rafforza i legami tra le persone. Nel Bushido, *Jin* era considerato indispensabile per mantenere l'armonia nella comunità e per promuovere il benessere collettivo. Un samurai compassionevole non era solo rispettato, ma anche ammirato come un esempio di virtù e di leadership morale.

Pensiamo, ad esempio, al valore della compassione nelle relazioni familiari o di amicizia. Quando ci prendiamo cura degli altri, quando offriamo il nostro tempo e la nostra energia per sostenere chi ci sta vicino, rafforziamo i legami che ci uniscono e creiamo un ambiente di fiducia e di reciprocità. La compassione, in questo senso, non è solo un atto altruistico, ma anche un investimento nelle relazioni che rendono la nostra vita più ricca e significativa.

La compassione nel contesto italiano

La cultura italiana, con il suo forte senso di comunità e il valore attribuito alla famiglia, offre un terreno fertile per comprendere e praticare la compassione. Dai gesti quotidiani di gentilezza alla solidarietà mostrata nelle situazioni di difficoltà, la compassione è profondamente radicata nel modo di vivere italiano. Tuttavia, anche in una cultura così orientata alla connessione umana, ci sono momenti in cui la competizione o la frenesia della vita moderna possono indebolire la nostra capacità di essere empatici e generosi.

Il concetto di *Jin* del Bushido offre un promemoria per mantenere viva questa virtù, non solo nei momenti di crisi, ma anche nella quotidianità. Ci invita a considerare come possiamo essere più presenti per gli altri, come possiamo contribuire al benessere della nostra comunità e come possiamo fare la differenza, anche con piccoli gesti.

La compassione come forza trasformativa

La compassione non è solo un atto di gentilezza, ma una forza trasformativa che può cambiare le nostre vite e il mondo intorno a noi. Quando agiamo con compassione, non solo aiutiamo gli altri, ma cresciamo anche come individui. La compassione ci permette di vedere il mondo da una prospettiva più ampia, di superare il nostro ego e di sviluppare una connessione più profonda con l'umanità.

Pensiamo all'impatto che una semplice azione compassionevole può avere: un sorriso che solleva il morale di qualcuno, un atto di generosità che allevia una difficoltà, un gesto di supporto che dà speranza a chi si sente solo. Questi atti, per quanto piccoli, possono avere un effetto a catena, ispirando altre persone a fare lo stesso e creando un ambiente di maggiore positività e solidarietà.

Coltivare la compassione nella vita quotidiana

La compassione, come tutte le virtù, richiede pratica e intenzionalità. Possiamo coltivarla dedicando del tempo all'ascolto, riflettendo su come possiamo aiutare gli altri e cercando opportunità per fare la differenza, anche in modi semplici. Non si tratta di compiere grandi gesti eroici, ma di essere consapevoli delle necessità altrui e di agire con gentilezza e generosità.

Un altro aspetto importante è la compassione verso sé stessi. Prendersi cura degli altri è più facile quando siamo gentili con noi stessi e riconosciamo i nostri bisogni. Il Bushido ci insegna che la compassione è una virtù che si estende in tutte le direzioni, creando un equilibrio tra il dare e il ricevere.

Conclusione: vivere con compassione

La compassione, secondo il Bushido, è una virtù che ci connette agli altri e dà un significato più profondo alla nostra forza e ai nostri successi. È un invito a vedere la nostra vita non solo come un'opportunità per realizzare i nostri obiettivi, ma anche come un mezzo per contribuire al benessere collettivo.

In un mondo che spesso valorizza l'individualismo, *Jin* ci ricorda l'importanza di agire con empatia e altruismo. Vivere con compassione significa fare scelte che rafforzano non solo noi stessi, ma anche le persone intorno a noi, creando una comunità più forte e un mondo più umano. È una virtù che arricchisce non solo chi la pratica, ma anche chi la riceve, diffondendo un messaggio di speranza, solidarietà e connessione.

3. I samurai nel contesto storico
3.1 La nascita dei samurai: Una panoramica storica

La figura del samurai è avvolta da un'aura di fascino e mistero. Tuttavia, per comprendere veramente il significato del loro ruolo e la filosofia che li guidava, è essenziale esplorare le origini di questa classe guerriera, radicate profondamente nella storia del Giappone. I samurai non nacquero semplicemente come guerrieri, ma come pilastri di una società in trasformazione, riflettendo l'evoluzione politica, sociale e culturale del paese.

Le origini nella frammentazione politica

La nascita dei samurai è strettamente legata a un periodo di instabilità politica e frammentazione territoriale. Durante il periodo Heian (794-1185), il Giappone era ufficialmente governato dall'imperatore e dalla corte imperiale, ma il potere reale era spesso nelle mani di potenti famiglie aristocratiche, come i Fujiwara, che controllavano le terre e le risorse. Questa concentrazione di potere creò tensioni e conflitti, poiché le terre più fertili e redditizie erano continuamente contese.

In un contesto di guerre locali e rivalità tra clan, emerse la necessità di guerrieri professionisti in grado di proteggere le proprietà e mantenere l'ordine. Fu in questo scenario che nacquero i samurai, inizialmente come servitori armati delle famiglie aristocratiche. La parola stessa, "samurai" (侍), deriva dal verbo *saburau*, che significa "servire". Questo termine riflette il ruolo originario dei samurai come protettori e servitori fedeli dei loro padroni.

La trasformazione in una classe guerriera

Con il passare del tempo, i samurai si evolsero da semplici guerrieri a una vera e propria classe sociale. Questo processo fu accelerato dalla crescente indipendenza delle province rispetto al controllo centrale dell'imperatore. Durante il periodo Kamakura (1185-1333), il Giappone vide la nascita dello shogunato, un governo militare guidato dallo shōgun, che consolidò il potere dei samurai come casta dominante.

Uno dei momenti chiave in questa transizione fu la Guerra Genpei (1180-1185), un conflitto epico tra i clan Taira e Minamoto per il controllo del Giappone. La vittoria del clan Minamoto portò alla creazione dello shogunato Kamakura e segnò l'inizio di un'era in cui i samurai non erano solo guerrieri, ma anche amministratori e leader politici. Questo periodo consolidò la loro identità come difensori del paese e promotori di un codice morale unico, che più tardi sarebbe stato formalizzato come Bushido, la "via del guerriero".

Il ruolo del buddismo e del confucianesimo

Un aspetto fondamentale dello sviluppo dei samurai fu l'influenza delle tradizioni filosofiche e religiose, in particolare il buddismo zen e il confucianesimo. Il buddismo zen, introdotto in Giappone dalla Cina, fornì ai samurai una guida spirituale per affrontare la vita e la morte con serenità. Le pratiche meditative del buddismo aiutavano i guerrieri a mantenere la calma in situazioni di stress estremo, mentre la sua enfasi sulla transitorietà della vita li preparava ad accettare la morte con dignità.

Il confucianesimo, invece, sottolineava l'importanza della lealtà, dell'obbedienza e dell'armonia sociale. Questi principi influenzarono profondamente il modo in cui i samurai concepivano il loro ruolo nella società, promuovendo un senso di responsabilità non solo verso il proprio padrone, ma anche verso la comunità e il bene collettivo.

La nascita di un'identità culturale

Con il tempo, i samurai non si limitarono a svolgere il ruolo di guerrieri, ma divennero anche promotori della cultura giapponese. Durante il periodo Muromachi (1336-1573), iniziarono a praticare arti come la calligrafia, la cerimonia del tè e la poesia. Queste attività non erano semplicemente passatempi, ma riflettevano l'ideale del samurai come figura equilibrata, capace di eccellere sia sul campo di battaglia che nelle arti della pace.

La figura del samurai si trasformò quindi in un simbolo di disciplina, eleganza e virtù, incarnando i valori che avrebbero continuato a definire l'identità culturale del Giappone per secoli. Questo equilibrio tra forza e raffinatezza è uno degli aspetti che rende i samurai così affascinanti anche al giorno d'oggi.

La fine di un'era e l'eredità dei samurai

La figura del samurai, così come la conosciamo, raggiunse il suo apice durante il periodo Edo (1603-1868), ma iniziò a declinare con la modernizzazione del Giappone e l'abolizione del sistema feudale nel 1868, durante la Restaurazione Meiji. Tuttavia, l'eredità dei samurai sopravvive non solo nella cultura giapponese, ma anche nell'immaginario collettivo globale.

Oggi, i samurai rappresentano un ideale universale di coraggio, disciplina e integrità. La loro storia continua a ispirare persone in tutto il mondo, mostrando come una classe nata in un contesto di conflitto sia riuscita a trasformarsi in un simbolo di armonia e saggezza.

Conclusione: una storia senza tempo

La nascita dei samurai non è solo un capitolo della storia giapponese, ma un esempio di come le sfide e le trasformazioni sociali possano dare origine a figure e valori che trascendono il tempo. Comprendere le origini dei samurai significa esplorare non solo il passato del Giappone, ma anche i principi universali di forza, lealtà e virtù che continuano a risuonare nel presente. In questo viaggio storico, possiamo trovare lezioni che ci aiutano a riflettere sul nostro ruolo nella società e sull'importanza di coltivare una vita guidata da ideali elevati.

3.2 I samurai e il buddismo Zen: Chiarezza mentale e concentrazione

Quando pensiamo ai samurai, ci vengono in mente immagini di guerrieri disciplinati e impavidi, capaci di affrontare le sfide più difficili con calma e determinazione. Ma dietro questa forza esteriore c'era un'altra battaglia, quella interiore: il costante sforzo per padroneggiare la mente, mantenere la concentrazione e vivere nel momento presente. Il buddismo Zen, introdotto in Giappone dalla Cina nel XII secolo, offrì ai samurai una filosofia e una pratica che li aiutò a raggiungere questa padronanza, rendendo lo Zen una componente essenziale della loro vita.

Le radici dello Zen e il suo incontro con i samurai

Il buddismo Zen si distingue per la sua enfasi sulla meditazione (*zazen*) e sull'esperienza diretta della realtà, piuttosto che su testi sacri o rituali complessi. Questa semplicità e immediatezza lo resero particolarmente adatto ai samurai, che cercavano una guida spirituale che potesse aiutarli a vivere con chiarezza e determinazione in un mondo spesso dominato dall'incertezza e dal pericolo.

Nel periodo Kamakura (1185-1333), quando il Giappone era segnato da conflitti e instabilità, lo Zen iniziò a diffondersi tra i samurai. I suoi insegnamenti sul controllo della mente e sull'accettazione della mortalità offrivano ai guerrieri una prospettiva unica, aiutandoli a prepararsi non solo per il combattimento, ma anche per le difficoltà della vita quotidiana. Lo Zen non prometteva salvezza ultraterrena, ma una forma di liberazione che poteva essere raggiunta qui e ora, attraverso la pratica e la disciplina.

Chiarezza mentale: vivere nel momento presente

Uno dei principi fondamentali dello Zen è l'importanza di vivere nel momento presente, senza lasciarsi distrarre da rimpianti per il passato o ansie per il futuro. Per un samurai, questa chiarezza mentale era cruciale. Sul campo di battaglia, un solo momento di distrazione poteva significare la differenza tra la vita e la morte. Lo Zen insegnava loro a concentrarsi completamente sull'azione del momento, che si trattasse di maneggiare la spada, osservare l'avversario o prendere una decisione strategica.

Questa capacità di focalizzarsi completamente sul presente non era utile solo in combattimento, ma anche nella vita quotidiana. I samurai applicavano gli insegnamenti dello Zen nelle loro attività quotidiane, come la calligrafia, la cerimonia del tè o la pratica delle arti marziali. Ogni gesto, anche il più semplice, diventava un'opportunità per allenare la mente e coltivare la consapevolezza.

L'accettazione della mortalità: un insegnamento centrale dello Zen

Un altro aspetto dello Zen che risuonava profondamente con i samurai era l'accettazione della transitorietà della vita. Lo Zen insegna che tutto è impermanente e che la morte è una parte naturale dell'esistenza. Per i samurai, che vivevano costantemente sotto la minaccia della morte, questo insegnamento era liberatorio. Non si trattava di ignorare la paura della morte, ma di affrontarla con serenità e coraggio, accettandola come inevitabile.

Questa prospettiva permetteva ai samurai di agire con maggiore determinazione e di vivere ogni momento con intensità. Invece di essere paralizzati dalla paura, imparavano a vedere la vita come un'opportunità preziosa, da affrontare con gratitudine e consapevolezza. Questo atteggiamento, profondamente influenzato dallo Zen, contribuiva a creare quella calma e quella compostezza che ancora oggi associamo ai samurai.

Lo Zen come disciplina mentale

La pratica dello *zazen*, la meditazione seduta, era una componente fondamentale dello Zen e un esercizio che i samurai integravano nella loro routine. Durante lo *zazen*, si cercava di svuotare la mente da pensieri e preoccupazioni, concentrandosi solo sul respiro o su un punto specifico. Questa pratica non solo migliorava la capacità di concentrazione, ma aiutava anche i samurai a sviluppare una maggiore resilienza mentale.

La disciplina richiesta dallo *zazen* rispecchiava quella necessaria per eccellere nelle arti marziali. Entrambe richiedevano pazienza, costanza e la capacità di superare i propri limiti. Per i samurai, lo Zen non era solo una filosofia, ma una forma di addestramento mentale che li aiutava a diventare guerrieri più efficaci e, allo stesso tempo, esseri umani più equilibrati.

L'influenza dello Zen nella cultura samurai

Lo Zen non influenzò solo la mente dei samurai, ma anche la loro cultura e il loro stile di vita. L'attenzione ai dettagli, la ricerca della perfezione e l'apprezzamento per la semplicità che caratterizzano molte arti giapponesi, come la calligrafia, l'ikebana (arte floreale) e la cerimonia del tè, derivano in gran parte dagli insegnamenti dello Zen. Queste pratiche riflettono la filosofia zen di trovare la bellezza nel momento presente e nell'imperfezione.

Anche la famosa spada giapponese, la katana, è un simbolo dello spirito zen. Forgiata con pazienza e precisione, la katana rappresenta l'unità tra forma e funzione, forza e grazia. Per i samurai, la cura dedicata alla creazione della spada era un riflesso della loro dedizione allo Zen e al Bushido.

Lo Zen oggi: una lezione universale
Sebbene i tempi siano cambiati, gli insegnamenti dello Zen e il loro legame con i samurai continuano a ispirare persone in tutto il mondo. In un'epoca caratterizzata da stress e distrazioni costanti, la filosofia zen offre una guida per ritrovare la calma e la concentrazione. Che si tratti di affrontare una sfida lavorativa, di migliorare le relazioni personali o di cercare un senso di equilibrio interiore, lo Zen ci invita a vivere con maggiore consapevolezza e autenticità.

Conclusione: il legame tra Zen e Bushido
Il buddismo Zen non era solo una componente accessoria della vita dei samurai, ma un elemento fondamentale che plasmava il loro carattere e il loro modo di affrontare il mondo. Attraverso lo Zen, i samurai impararono a padroneggiare la mente, ad accettare la mortalità e a vivere con chiarezza e determinazione. Questa fusione tra filosofia e pratica guerriera non solo definì l'identità dei samurai, ma lasciò un'eredità duratura che continua a influenzare la cultura e la filosofia giapponese.

Per il lettore moderno, esplorare il legame tra samurai e Zen è un'opportunità per scoprire una saggezza senza tempo che può arricchire la nostra vita, aiutandoci a trovare forza, equilibrio e serenità in un mondo sempre più complesso.

3.3 Storie di grandi samurai:

- Miyamoto Musashi e la via della strategia
Miyamoto Musashi è una delle figure più leggendarie della storia giapponese, un samurai il cui nome evoca immagini di duelli epici, disciplina incrollabile e una mente brillante dedicata alla strategia. Nato nel 1584, in un periodo turbolento della storia giapponese, Musashi non era solo un guerriero straordinario, ma anche un pensatore profondo e un artista. La sua vita e le sue opere, in particolare il celebre *Libro dei Cinque Anelli* (*Gorin no Sho*), continuano a essere una fonte di ispirazione per chiunque cerchi di comprendere la combinazione tra forza fisica, abilità tattica e saggezza interiore.

Un giovane samurai in cerca di perfezione
Musashi combatté il suo primo duello mortale a soli 13 anni, sconfiggendo un avversario esperto. Questo episodio segnò l'inizio di una vita dedicata all'arte della spada e alla comprensione profonda della strategia. Durante il periodo Sengoku, un'epoca di guerre costanti tra clan, Musashi viaggiò attraverso il Giappone sfidando altri samurai in duelli che mettevano alla prova non solo la

sua abilità fisica, ma anche la sua mente.

La sua filosofia si basava sull'idea che il combattimento non fosse solo una questione di forza o di tecnica, ma anche di intuito, osservazione e capacità di adattarsi alle circostanze. Musashi era noto per il suo approccio innovativo e non convenzionale: spesso utilizzava due spade contemporaneamente, una tecnica rivoluzionaria che richiedeva un equilibrio perfetto tra agilità, forza e concentrazione.

Il Libro dei Cinque Anelli: una guida alla strategia

L'opera più famosa di Musashi, il *Libro dei Cinque Anelli*, non è solo un manuale di arti marziali, ma un trattato filosofico che esplora i principi universali della strategia applicabili non solo al combattimento, ma a ogni aspetto della vita. Diviso in cinque sezioni – Terra, Acqua, Fuoco, Vento e Vuoto – il libro utilizza questi elementi naturali come metafore per descrivere diversi aspetti della strategia.

> **Terra:** rappresenta le fondamenta solide di ogni impresa. Musashi enfatizza l'importanza della preparazione e della comprensione del terreno su cui si combatte, sia letteralmente che metaforicamente. Questo principio sottolinea l'importanza di costruire una base stabile prima di affrontare qualsiasi sfida.
>
> **Acqua:** simboleggia l'adattabilità. Come l'acqua assume la forma del recipiente che la contiene, così un guerriero deve essere in grado di adattarsi alle circostanze e agli avversari. Musashi insegnava che la rigidità è un limite, mentre la flessibilità è una forza.
>
> **Fuoco:** rappresenta l'azione e l'intensità. Nel combattimento, come nella vita, ci sono momenti in cui è necessario agire con determinazione e forza per raggiungere i propri obiettivi. Musashi sottolineava l'importanza di saper cogliere il momento giusto per attaccare.
>
> **Vento:** si riferisce alla conoscenza delle tradizioni e delle strategie degli altri. Comprendere il "vento" delle scuole rivali o dei propri avversari è essenziale per anticiparne le mosse e rispondere in modo efficace.
>
> **Vuoto:** il concetto più astratto e profondo, il Vuoto rappresenta la comprensione dell'essenza delle cose. È il punto in cui la mente è libera da ogni distrazione e si raggiunge un livello di intuizione e saggezza che trascende la tecnica.

Questi insegnamenti non erano destinati solo ai samurai del suo tempo, ma contengono lezioni universali che possono essere applicate in ambiti diversi, dalla leadership aziendale alla crescita personale. Il *Libro dei Cinque Anelli* è ancora oggi studiato da manager, sportivi e artisti di tutto il mondo, dimostrando la straordinaria lungimiranza di Musashi.

La filosofia di Musashi: il viaggio interiore

Musashi non considerava la spada solo come un'arma, ma come un'estensione della mente e dello spirito. Credeva che un vero guerriero dovesse coltivare non solo il corpo, ma anche la mente e l'anima. La sua vita era dedicata alla ricerca di una comprensione più profonda della realtà, una ricerca che lo portò a esplorare non solo le arti marziali, ma anche la pittura, la calligrafia e la scultura.

Questa visione olistica della vita e del combattimento rifletteva la sua convinzione che tutte le arti e le discipline siano interconnesse. Come scrisse nel *Libro dei Cinque Anelli*, "Conoscendo una cosa, conoscerai tutte le cose". Questo principio lo guidava nella sua costante ricerca di perfezione e armonia.

L'eredità di Musashi: una lezione senza tempo

L'eredità di Miyamoto Musashi va oltre la sua abilità come spadaccino. La sua vita e il suo lavoro offrono una lezione universale sulla disciplina, l'adattabilità e la capacità di affrontare le sfide con coraggio e saggezza. Il suo approccio alla strategia, basato sull'equilibrio tra azione e riflessione, rimane una fonte di ispirazione per chiunque cerchi di eccellere nel proprio campo.

In un mondo moderno spesso caratterizzato da ritmi frenetici e competizione, gli insegnamenti di Musashi ci invitano a rallentare, a osservare e a comprendere profondamente la situazione prima di agire. La sua enfasi sulla flessibilità e sulla resilienza è particolarmente rilevante oggi, in un'epoca in cui l'adattabilità è una qualità essenziale per affrontare i cambiamenti e le incertezze.

Conclusione: il cammino della strategia

Miyamoto Musashi rappresenta il perfetto equilibrio tra guerriero e filosofo, un uomo che dedicò la sua vita a esplorare la complessità della mente umana e l'arte della strategia. La sua storia non è solo un capitolo della storia giapponese, ma una testimonianza della capacità dell'essere umano di crescere attraverso la disciplina, l'intuizione e la determinazione.

Per il lettore moderno, il percorso di Musashi offre una guida preziosa per affrontare le sfide della vita con forza, intelligenza e grazia. Che si tratti di un duello reale o metaforico, la via della strategia di Musashi ci insegna che il successo non è solo il risultato delle nostre azioni, ma anche della profondità con cui comprendiamo noi stessi e il mondo che ci circonda.

- Takeda Shingen e il valore della leadership

Nella storia del Giappone, pochi leader sono ricordati con la stessa ammirazione di Takeda Shingen, una figura leggendaria che incarnò il perfetto equilibrio tra forza militare, saggezza strategica e abilità politica. Conosciuto come il "Tigre di Kai", Takeda Shingen non fu solo un formidabile signore della guerra, ma anche un leader visionario che sapeva ispirare fedeltà e rispetto tra i suoi seguaci. La sua vita e il suo approccio alla leadership offrono lezioni preziose, non solo per comprendere il contesto storico in cui visse, ma anche per riflettere sul ruolo e le responsabilità di un vero leader.

Un giovane erede in un periodo di conflitti

Takeda Shingen nacque nel 1521, in un'epoca di continue guerre tra clan, nota come il periodo Sengoku. Figlio del capo del clan Takeda, prese il controllo delle terre di famiglia a soli 21 anni, dopo aver orchestrato un colpo di stato contro il padre. Questo gesto audace segnò l'inizio della sua carriera come signore della guerra, ma anche come leader che avrebbe dimostrato una rara combinazione di fermezza e visione.

Il dominio dei Takeda, situato nella provincia di Kai (l'attuale prefettura di Yamanashi), non era particolarmente ricco o fertile, ma Shingen trasformò questa debolezza in un'opportunità. Attraverso una serie di riforme amministrative e agricole, migliorò l'efficienza economica del suo territorio, aumentando la produttività delle terre e la qualità della vita per i suoi sudditi. Questo approccio pragmatico e lungimirante gli permise di costruire una base solida su cui fondare il suo potere militare.

Il valore della strategia: il genio militare di Shingen

Takeda Shingen è ricordato soprattutto per la sua straordinaria abilità strategica. Uno degli esempi più celebri del suo genio tattico è la *Battaglia di Kawanakajima*, una serie di scontri epici contro il suo rivale Uesugi Kenshin. Sebbene nessuno dei due clan abbia ottenuto una vittoria decisiva, queste battaglie sono considerate veri e propri manuali di strategia militare, studiate ancora oggi per la loro complessità e innovazione.

Shingen era un maestro nell'arte della guerra, ma sapeva anche che una vittoria duratura non poteva essere costruita solo con la forza delle armi. Seguiva il principio del *Fūrinkazan* (風林火山), tratto dal classico cinese *L'arte della guerra* di Sun Tzu. Questo principio, che significa "Veloce come il vento, silenzioso come la foresta, feroce come il fuoco e immobile come la montagna", rifletteva il suo approccio equilibrato e flessibile alla leadership. Ogni decisione era ponderata, ogni azione calcolata, e ogni battaglia affrontata con una combinazione di aggressività e cautela.

Un leader che valorizzava i suoi uomini

Uno degli aspetti più straordinari di Takeda Shingen come leader era la sua capacità di ispirare fedeltà e dedizione tra i suoi uomini. Non era un comandante distante o autoritario, ma un leader che comprendeva l'importanza di costruire relazioni basate sulla fiducia e sul rispetto reciproco. Shingen ascoltava i suoi consiglieri e rispettava il contributo dei suoi generali, creando un ambiente in cui ognuno si sentiva valorizzato e parte di un obiettivo comune.

Questo approccio umano alla leadership si rifletteva anche nel modo in cui trattava i suoi sudditi. Shingen introdusse riforme che proteggevano i contadini dagli abusi dei funzionari locali e promosse politiche che garantivano una distribuzione più equa delle risorse. Questi gesti non solo rafforzarono la stabilità del suo dominio, ma gli valsero anche il rispetto e l'ammirazione del suo popolo, rendendo il clan Takeda una delle forze più temute e rispettate del periodo Sengoku.

La leadership come servizio alla comunità

Per Shingen, la leadership non era un mezzo per ottenere potere personale, ma un servizio alla comunità. Questo concetto, profondamente radicato nella cultura giapponese, trova espressione nel suo impegno per il benessere dei suoi sudditi e nella sua visione a lungo termine. Shingen sapeva che un leader non può prosperare senza il supporto della sua gente e che il successo di un clan dipende dalla forza e dall'unità della comunità.

Un esempio significativo di questa filosofia è rappresentato dal suo sistema di dighe e canali, progettato per prevenire le inondazioni e migliorare l'irrigazione nelle sue terre. Questi progetti non solo aumentarono la produttività agricola, ma dimostrarono anche la sua dedizione al benessere del suo popolo, rafforzando il legame tra leader e sudditi.

L'eredità di Takeda Shingen

La vita di Takeda Shingen fu relativamente breve: morì nel 1573, a soli 52 anni. Tuttavia, la sua eredità come leader e stratega sopravvive ancora oggi, non solo nella storia del Giappone, ma anche come esempio universale di leadership efficace. La sua combinazione di pragmatismo, visione e umanità offre lezioni preziose per chiunque occupi una posizione di responsabilità.

Shingen ci ricorda che un vero leader non è colui che cerca il potere per sé stesso, ma colui che lavora per il bene della sua comunità. La sua enfasi sull'importanza delle relazioni, della fiducia e della pianificazione a lungo termine è particolarmente rilevante in un mondo moderno dove la leadership è spesso associata alla competizione e alla ricerca del successo personale.

Conclusione: una guida senza tempo per la leadership

Takeda Shingen rappresenta un modello di leadership che trascende il tempo e le culture. La sua capacità di combinare forza e compassione, strategia e umanità, lo rende una figura ispiratrice non solo per i leader politici e militari, ma per chiunque voglia fare la differenza nella propria comunità o organizzazione.

Per il lettore moderno, la vita di Shingen offre una guida pratica e filosofica per affrontare le sfide della leadership con saggezza e integrità. Che si tratti di guidare un team, una famiglia o una comunità, il suo esempio ci invita a riflettere su cosa significhi veramente essere un leader e su come possiamo utilizzare il nostro potere e la nostra influenza per creare un impatto positivo e duraturo.

- Tomoe Gozen: Il ruolo delle donne tra i samurai

Tra le figure leggendarie della storia dei samurai, poche riescono a catturare l'immaginazione come Tomoe Gozen. Guerriera straordinaria, stratega brillante e donna di immenso coraggio, Tomoe Gozen non solo sfidò le convenzioni del suo tempo, ma lasciò un segno indelebile nella storia giapponese. La sua vita e il suo ruolo tra i samurai offrono uno sguardo unico sulla posizione delle donne in un mondo dominato dagli uomini, mostrando che il coraggio e l'abilità non conoscono confini di genere.

Un'epoca di conflitti e opportunità

Tomoe Gozen visse durante il periodo Heian (794-1185), un'epoca segnata da lotte di potere tra clan rivali e dalla nascita della classe samurai. Questo contesto tumultuoso offrì opportunità rare ma significative per le donne di distinguersi sul campo di battaglia. Sebbene il ruolo tradizionale delle donne nella società giapponese fosse principalmente legato alla gestione domestica e al sostegno della famiglia, alcune eccezioni, come Tomoe, riuscirono a rompere queste barriere, guadagnandosi rispetto e riconoscimento.

Tomoe servì come comandante militare sotto Minamoto no Yoshinaka, un signore della guerra che guidò le forze del clan Minamoto durante la Guerra Genpei (1180-1185). Descritta come straordinariamente bella, ma anche incredibilmente forte e abile, Tomoe era una maestra nella spada e nell'arco, qualità che la resero una risorsa indispensabile per il suo signore.

Una guerriera leggendaria

La figura di Tomoe Gozen è entrata nella leggenda grazie ai racconti del *Heike Monogatari*, un'opera epica che narra le vicende della Guerra Genpei. Secondo il testo, Tomoe non era solo una guerriera eccezionale, ma anche un leader carismatico, capace di ispirare i suoi uomini e di guidarli alla vittoria in battaglie difficili. In una delle sue imprese più famose, si dice che abbia affrontato e sconfitto da sola un gruppo di nemici, dimostrando un coraggio e una determinazione che sfidano le aspettative tradizionali del suo tempo.

La sua presenza sul campo di battaglia non era solo simbolica: Tomoe era una combattente attiva e una stratega, spesso incaricata delle missioni più pericolose. Questo ruolo dimostra che, nonostante le restrizioni culturali, le donne potevano guadagnarsi un posto significativo nella società dei samurai attraverso abilità e dedizione.

Il significato simbolico di Tomoe Gozen

Tomoe Gozen non era solo una guerriera, ma anche un simbolo del potere e della resilienza femminile. In un mondo dominato dagli uomini, la sua figura dimostra che le donne potevano essere altrettanto capaci di eccellere nelle arti marziali e nella leadership. Questo messaggio ha una risonanza particolare non solo nella storia giapponese, ma anche nel contesto moderno, dove la lotta per l'uguaglianza di genere continua a essere una questione centrale.

Tomoe rappresenta l'idea che il coraggio e la competenza non siano determinati dal genere, ma dalla forza interiore e dalla dedizione. Questa visione risuona profondamente in molte culture, inclusa quella italiana, dove figure storiche come Matilde di Canossa o Giovanna d'Arco hanno incarnato ideali simili di leadership femminile in contesti dominati dagli uomini.

Le donne e il Bushido

Sebbene il Bushido, la "via del guerriero", sia stato storicamente associato agli uomini, le donne nella società dei samurai avevano un ruolo significativo, anche se meno visibile. Le donne samurai, note come *onna-bugeisha*, erano addestrate nelle arti marziali per difendere la famiglia e la comunità in caso di necessità. Anche se raramente partecipavano alle battaglie su larga scala, erano considerate essenziali per la protezione della casa e per l'educazione dei figli ai valori del Bushido.

Tomoe Gozen rappresenta un esempio straordinario di *onna-bugeisha* che riuscì a emergere oltre i limiti tradizionali, dimostrando che il Bushido non era esclusivo degli uomini. La sua vita e le sue imprese ci ricordano che il codice dei samurai, con i suoi valori di lealtà, coraggio e disciplina, può essere incarnato da chiunque sia disposto a vivere secondo questi principi.

Il lascito di Tomoe Gozen

Anche se i dettagli della vita di Tomoe Gozen rimangono in parte avvolti nella leggenda, la sua storia continua a ispirare. La sua figura è stata celebrata in opere d'arte, teatro e letteratura, diventando un simbolo di forza e indipendenza femminile. Nella cultura giapponese, Tomoe rappresenta l'idea che il vero coraggio non ha genere e che la determinazione può superare qualsiasi barriera.

La sua eredità risuona anche nel mondo moderno, offrendo un modello per chiunque cerchi di sfidare le convenzioni e di affermarsi in un contesto difficile. Tomoe ci insegna che il vero valore non risiede solo nella forza fisica, ma anche nella determinazione, nella passione e nella capacità di credere in sé stessi.

Conclusione: un esempio senza tempo di leadership femminile
Tomoe Gozen è più di un personaggio storico: è un esempio universale di leadership, coraggio e resilienza. La sua storia non solo illumina il ruolo delle donne tra i samurai, ma offre una prospettiva su come le barriere culturali possano essere superate attraverso l'impegno e l'eccellenza.

Per i lettori italiani, la vita di Tomoe Gozen può ricordare che il coraggio e la forza d'animo non sono limitati da confini di tempo, cultura o genere. La sua figura ci invita a riflettere sul potenziale umano e sull'importanza di riconoscere il valore di ogni individuo, indipendentemente dalle convenzioni sociali. Nel suo esempio, troviamo una lezione senza tempo che continua a ispirare generazioni.

3.4 La caduta dei samurai: La fine di un'era e la restaurazione Meiji

La figura del samurai evoca immagini di forza, disciplina e lealtà, ma come tutte le grandi istituzioni storiche, anche l'epoca dei samurai giunse a un termine. La fine del periodo Edo e l'inizio dell'era Meiji segnarono una trasformazione radicale del Giappone, portando alla caduta dei samurai e alla dissoluzione di un sistema sociale e politico che aveva definito il paese per secoli. Questa transizione, sebbene necessaria per modernizzare il Giappone, fu carica di conflitti, dolore e sacrifici, lasciando un segno indelebile nella storia e nella cultura giapponese.

Il sistema feudale e l'ordine dei samurai
Per oltre 250 anni, durante il periodo Edo (1603-1868), il Giappone fu governato dallo shogunato Tokugawa, un sistema politico che ruotava attorno alla figura dello shōgun, con i daimyō (signori feudali) e i samurai come colonne portanti della società. I samurai, oltre a essere guerrieri, avevano un ruolo centrale nell'amministrazione locale, agendo come burocrati e funzionari per i loro daimyō.

Questo sistema, tuttavia, si basava su un ordine rigidamente gerarchico e un'economia agraria che dipendeva dai contadini, i quali sostenevano con il loro lavoro le classi superiori. Con il tempo, la pace relativa garantita dallo shogunato fece sì che molti samurai perdessero il loro ruolo tradizionale di guerrieri, trasformandosi in amministratori o addirittura in figure marginali economicamente e socialmente. Questo declino nel ruolo pratico dei samurai fu una delle prime crepe nell'edificio dell'ordine feudale.

L'apertura del Giappone e la crisi del sistema Tokugawa

La svolta che accelerò la caduta dei samurai arrivò nel 1853, quando il commodoro americano Matthew Perry giunse in Giappone con una flotta di "navi nere", costringendo il paese a porre fine alla sua politica di isolamento. Gli accordi commerciali forzati con le potenze occidentali non solo destabilizzarono l'economia giapponese, ma misero anche in discussione la legittimità dello shogunato Tokugawa, incapace di difendere la sovranità nazionale.

Questa crisi diede origine a movimenti politici e sociali che chiedevano il ritorno al potere dell'imperatore e la modernizzazione del paese per competere con le potenze occidentali. Il grido di battaglia di questi movimenti, "Sonnō jōi" (Venerare l'imperatore, espellere i barbari), rifletteva il malcontento diffuso e la volontà di trasformare il Giappone in una nazione forte e unificata.

La restaurazione Meiji e l'abolizione del sistema samurai

Nel 1868, con la restaurazione Meiji, l'imperatore fu formalmente reintegrato al centro del potere politico, ma il vero cambiamento fu la rapida modernizzazione del Giappone. Il nuovo governo introdusse riforme radicali che miravano a creare uno stato centralizzato e industrializzato, prendendo come modello le potenze occidentali. Queste riforme includevano l'abolizione del sistema feudale e la sostituzione dei privilegi dei samurai con un esercito nazionale moderno basato sulla coscrizione obbligatoria.

Per i samurai, queste trasformazioni furono devastanti. La perdita del diritto esclusivo di portare la spada, simbolo del loro status, fu particolarmente dolorosa, rappresentando non solo la fine di un privilegio, ma anche la dissoluzione di un'identità che aveva definito le loro vite per generazioni. Molti samurai si trovarono improvvisamente privati del loro ruolo e delle loro terre, costretti a cercare nuovi modi per guadagnarsi da vivere in una società che non aveva più bisogno di loro.

Le rivolte samurai e la resistenza al cambiamento

Non tutti accettarono passivamente la fine del sistema samurai. Una delle rivolte più celebri fu la ribellione di Satsuma (1877), guidata da Saigō Takamori, un ex samurai e figura leggendaria che si oppose alle riforme del governo Meiji. Saigō, un tempo sostenitore della restaurazione, si ribellò contro quella che percepiva come una perdita dell'etica tradizionale e un'abdicazione dei valori del Bushido a favore di un materialismo importato dall'Occidente.

La ribellione di Satsuma, benché eroica, fu schiacciata dall'esercito imperiale, segnando la fine definitiva della resistenza samurai. Saigō Takamori divenne un simbolo della lotta per preservare l'onore e la tradizione, e la sua figura è ricordata come l'ultimo grande samurai. La sua morte rappresentò non solo la fine di una ribellione, ma anche la chiusura simbolica di un'epoca.

L'eredità dei samurai nella società moderna

Sebbene il sistema samurai sia scomparso, la loro eredità continua a vivere nella cultura e nell'identità giapponese. I valori del Bushido, come l'onore, la lealtà e la disciplina, sono stati incorporati nella mentalità moderna, influenzando tutto, dalla gestione aziendale all'etica personale. Inoltre, i samurai sono diventati un simbolo dell'orgoglio nazionale e un punto di riferimento per comprendere la transizione del Giappone da una società feudale a una potenza moderna.

Nella cultura popolare, i samurai continuano a ispirare film, letteratura e arte, non solo in Giappone ma in tutto il mondo. La loro immagine di guerrieri nobili, pronti a sacrificarsi per i loro ideali, risuona universalmente, offrendo un modello di coraggio e integrità.

Conclusione: la fine di un'era, l'inizio di una nuova identità

La caduta dei samurai non fu solo la fine di un sistema sociale, ma l'inizio di una trasformazione che avrebbe ridefinito il Giappone. Sebbene dolorosa, questa transizione fu necessaria per permettere al paese di affrontare le sfide del mondo moderno. I samurai, con il loro spirito e i loro valori, non sono scomparsi con la restaurazione Meiji, ma si sono trasformati, diventando parte integrante dell'identità giapponese.

Per i lettori moderni, la storia della caduta dei samurai offre una lezione preziosa sulla resilienza e sulla capacità di adattarsi al cambiamento. In un'epoca in cui il mondo è in continua evoluzione, il loro esempio ci ricorda che, anche di fronte alla perdita, è possibile trovare nuovi modi per preservare ciò che è essenziale e per costruire un futuro che onori il passato.

3.5 Il Bushido nell'arte e nella letteratura: Dal haiku alla calligrafia

Il Bushido, la "via del guerriero", non è stato solo un codice di condotta per i samurai, ma anche una fonte di ispirazione per l'arte e la letteratura giapponese. I valori di onore, disciplina, lealtà e bellezza intrinseca nella semplicità hanno influenzato profondamente la cultura del Giappone, trovando espressione in forme artistiche come il *haiku*, la calligrafia e altre manifestazioni creative. Attraverso queste arti, il Bushido non solo ha celebrato l'estetica del momento presente, ma ha anche tramandato una visione della vita radicata nella consapevolezza, nell'equilibrio e nella trascendenza del tempo.

Il legame tra Bushido e arte: una disciplina condivisa

Per un samurai, l'arte non era un'attività separata dal dovere quotidiano, ma una parte integrante della sua formazione e del suo sviluppo personale. La pratica del *kendo* (l'arte della spada) e quella della calligrafia, ad esempio, erano considerate due facce della stessa medaglia: entrambe richiedevano precisione, concentrazione e la capacità di abbandonare il sé per immergersi completamente nell'azione. Questo approccio olistico rifletteva uno dei principi fondamentali del Bushido: la ricerca dell'armonia tra corpo, mente e spirito.

L'arte era anche un mezzo per esprimere valori interiori come la transitorietà della vita (*wabi-sabi*) e la bellezza dell'effimero, principi che si intrecciavano perfettamente con l'etica dei samurai, per i quali la mortalità era una realtà sempre presente. In questo contesto, le forme artistiche non erano solo espressioni estetiche, ma strumenti di meditazione e riflessione.

Il haiku: l'essenza della semplicità

Il *haiku*, una delle forme poetiche più iconiche del Giappone, incarna perfettamente i valori del Bushido. Composto da tre versi di 5, 7 e 5 sillabe, il *haiku* è una celebrazione della semplicità e della consapevolezza del momento presente. Questa brevità strutturale richiede un'intensa concentrazione e la capacità di catturare l'essenza di un'esperienza in poche parole, una sfida che rispecchia la disciplina e la chiarezza mentale richieste ai samurai.

Bashō, uno dei più grandi maestri del *haiku*, scriveva poesie che riflettevano la filosofia zen e l'estetica del Bushido. Ad esempio, un suo celebre *haiku* recita:

"Un vecchio stagno,
una rana vi si tuffa,
suono dell'acqua."

Questa immagine semplice ma profonda cattura l'essenza della vita: la quiete, il movimento improvviso e la consapevolezza dell'attimo. Per un samurai, un *haiku* come questo non era solo una poesia, ma un richiamo a vivere con presenza e attenzione.

La calligrafia: l'arte del gesto perfetto

La calligrafia giapponese (*shodō*) era un'altra forma d'arte strettamente legata ai principi del Bushido. Scrivere un carattere con pennello e inchiostro richiedeva una concentrazione totale e una mente libera da distrazioni, qualità che i samurai coltivavano anche nelle arti marziali. Ogni tratto doveva essere eseguito con precisione, senza possibilità di correzione, un esercizio che rifletteva l'importanza di vivere ogni azione con intenzione e consapevolezza.

Per i samurai, la calligrafia non era solo un'abilità estetica, ma una pratica spirituale. Scrivere un singolo carattere, come "lealtà" (忠義) o "coraggio" (勇気), era un modo per meditare su quei valori e integrarli nella propria vita. Inoltre, la bellezza e l'equilibrio di un'opera calligrafica rappresentavano l'armonia interiore dell'artista, un ideale che i samurai cercavano di raggiungere in tutte le loro azioni.

La pittura e il simbolismo del Bushido

Anche la pittura giapponese, in particolare quella influenzata dal buddismo zen, rifletteva i valori del Bushido. I samurai spesso dipingevano paesaggi minimalisti o scene naturali, utilizzando pennellate semplici e spontanee per catturare l'essenza del soggetto. Questi dipinti, spesso realizzati in inchiostro monocromatico, esprimevano la bellezza della semplicità e il senso di equilibrio tra uomo e natura.

Un tema ricorrente nella pittura samurai era quello del bambù, una pianta che simboleggiava forza e flessibilità. Come il bambù si piega senza spezzarsi, così un samurai doveva affrontare le avversità con resilienza e grazia. Questo simbolismo, profondamente radicato nel Bushido, era un modo per trasmettere insegnamenti morali attraverso l'arte.

La narrazione epica: il Bushido nella letteratura

Il Bushido trovò una potente espressione anche nella letteratura epica giapponese. Opere come il *Heike Monogatari* celebravano le imprese dei samurai, sottolineando il valore dell'onore, della lealtà e del sacrificio. Questi racconti, spesso tramandati oralmente prima di essere trascritti, non erano solo storie di guerra, ma lezioni morali che ispiravano le generazioni future.

Un altro esempio significativo è il *Hagakure*, una raccolta di insegnamenti samurai che esplora il significato del Bushido. Sebbene scritto in un periodo successivo al declino del potere militare dei samurai, il *Hagakure* divenne un testo fondamentale per comprendere i valori e la mentalità dei guerrieri giapponesi. Le sue pagine sono ricche di riflessioni sull'importanza di vivere con integrità e di affrontare la morte con serenità, principi che risuonano anche nelle arti.

Il Bushido come ispirazione per l'arte contemporanea

Anche nel mondo moderno, i valori del Bushido continuano a ispirare artisti e scrittori, non solo in Giappone, ma a livello globale. La disciplina, la consapevolezza e la ricerca della perfezione che caratterizzano il Bushido sono ideali universali che trovano applicazione in molte forme d'arte contemporanea, dalla fotografia alla cinematografia.

In Italia, dove l'arte e la cultura sono profondamente radicate nella vita quotidiana, l'estetica del Bushido può essere apprezzata come una forma di dialogo interculturale. I principi di semplicità, equilibrio e rispetto per la natura che permeano le arti giapponesi offrono una prospettiva complementare alla ricca tradizione artistica italiana, creando un ponte tra due culture apparentemente distanti ma profondamente affini.

Conclusione: l'arte come riflesso del Bushido

Il Bushido, con i suoi valori di onore, disciplina e armonia, ha trovato espressione in alcune delle forme artistiche più iconiche del Giappone, dal *haiku* alla calligrafia, dalla pittura alla letteratura epica. Queste arti non erano solo manifestazioni estetiche, ma strumenti per coltivare la mente e lo spirito, riflettendo l'essenza stessa del Bushido.

Per i lettori italiani, esplorare il legame tra Bushido e arte offre non solo una comprensione più profonda della cultura giapponese, ma anche l'opportunità di riflettere su come l'arte possa essere un mezzo per vivere con maggiore consapevolezza e autenticità. Il Bushido, attraverso l'arte, continua a ispirare, ricordandoci che la bellezza e la virtù sono inseparabili dalla vita vissuta con integrità.

4. Il Bushido nel mondo moderno

4.1 Applicare il Bushido nella vita quotidiana

Il Bushido, il "codice del guerriero" che ha guidato i samurai giapponesi per secoli, potrebbe sembrare un concetto distante dalla vita moderna. Tuttavia, i suoi valori universali – lealtà, onore, disciplina, coraggio e compassione – continuano a offrire lezioni preziose anche nel nostro tempo. Applicare il Bushido nella vita quotidiana non significa vivere come un antico samurai, ma integrare i suoi principi nella nostra routine per affrontare le sfide con una mente più chiara e un cuore più forte.

Disciplina e obiettivi: il primo passo verso l'autorealizzazione

Uno degli aspetti centrali del Bushido è la disciplina, una qualità che permette di mantenere il focus e di superare le difficoltà. Nella vita moderna, la disciplina non si limita al lavoro o allo studio, ma si estende a come gestiamo il nostro tempo, le nostre relazioni e le nostre emozioni. I samurai si allenavano incessantemente per perfezionare le loro abilità, e allo stesso modo possiamo applicare questa dedizione per raggiungere i nostri obiettivi personali e professionali.

Immaginiamo di voler migliorare una competenza, come imparare una nuova lingua o sviluppare una nuova abilità professionale. La disciplina richiesta per dedicare tempo ogni giorno a questa attività non è molto diversa da quella che i samurai applicavano nel loro addestramento. Ogni sforzo, anche piccolo, contribuisce a costruire un risultato più grande, trasformando la nostra visione in realtà. Il Bushido ci insegna che la costanza è la chiave del progresso e che il vero successo non arriva attraverso scorciatoie, ma con impegno quotidiano.

Onore e integrità: vivere secondo i propri valori

L'onore, per i samurai, non era solo una questione di reputazione, ma il riflesso della propria integrità morale. Nel mondo moderno, dove siamo costantemente esposti a pressioni esterne e a scelte eticamente ambigue, vivere con onore significa essere fedeli ai propri valori, anche quando è difficile.

Ad esempio, in ambito lavorativo, l'onore può tradursi nel rispettare gli impegni presi, nel trattare i colleghi con rispetto e nel rifiutare compromessi etici. Nella vita personale, significa essere sinceri nelle relazioni e agire con gentilezza e giustizia. Applicare l'onore del Bushido nella quotidianità ci permette di costruire una reputazione di affidabilità e integrità, qualità che ispirano fiducia e rispetto negli altri.

Coraggio: affrontare le sfide con serenità

Il coraggio, un altro pilastro del Bushido, non riguarda solo il superamento della paura fisica, ma anche la capacità di affrontare situazioni difficili con determinazione e serenità. Nel mondo moderno, il coraggio può assumere molte forme: affrontare un cambiamento importante, prendere decisioni difficili o difendere ciò in cui crediamo.

Ad esempio, può essere necessario coraggio per lasciare un lavoro insoddisfacente e intraprendere un nuovo percorso, o per affrontare conflitti interpersonali con maturità e apertura. Il Bushido ci insegna che il coraggio non consiste nell'assenza di paura, ma nella capacità di agire nonostante essa. È un promemoria che possiamo trovare forza anche nei momenti di incertezza, sapendo che ogni sfida è un'opportunità per crescere.

Compassione: contribuire al benessere degli altri

La compassione è una virtù spesso trascurata, ma profondamente rilevante nel Bushido. Per i samurai, essere forti significava anche proteggere i più deboli e agire per il bene della comunità. Nel mondo moderno, questa qualità si traduce nella capacità di mostrare empatia, offrire supporto e contribuire al benessere degli altri.

In un contesto personale, la compassione può significare ascoltare attivamente un amico in difficoltà o offrire aiuto a qualcuno che ne ha bisogno. In ambito professionale, può essere dimostrata attraverso il lavoro di squadra, il supporto ai colleghi e l'impegno per creare un ambiente inclusivo. La compassione non solo migliora le nostre relazioni, ma ci connette agli altri in modo significativo, creando un senso di comunità e appartenenza.

Consapevolezza e presenza: vivere il momento presente

Uno degli insegnamenti più profondi del Bushido è l'importanza della consapevolezza e della presenza nel momento presente. Per i samurai, ogni azione – dal maneggiare una spada alla pratica della calligrafia – richiedeva un'attenzione completa. Questa mentalità può essere applicata anche nella vita moderna, aiutandoci a ridurre lo stress e a migliorare la qualità delle nostre esperienze.

Ad esempio, possiamo iniziare praticando la consapevolezza nelle attività quotidiane, come mangiare un pasto senza distrazioni, ascoltare una conversazione con attenzione o dedicare qualche minuto alla meditazione. Questa pratica ci aiuta a essere più presenti e a trovare significato anche nelle piccole cose, rendendo la nostra vita più ricca e soddisfacente.

Le relazioni umane: lealtà e rispetto reciproco

Il Bushido enfatizzava l'importanza della lealtà e del rispetto nelle relazioni, qualità che rimangono fondamentali anche oggi. Nella vita moderna, questi valori possono essere applicati coltivando relazioni autentiche e costruite sulla fiducia. Essere leali significa mantenere le promesse, essere presenti per gli altri nei momenti di bisogno e agire con coerenza nei rapporti personali e professionali.

Il rispetto reciproco, d'altro canto, ci invita a trattare ogni persona con dignità, indipendentemente dalle differenze di opinione, cultura o posizione sociale. Questi valori non solo rafforzano le nostre relazioni, ma creano anche un ambiente di armonia e cooperazione, che arricchisce la nostra vita e quella delle persone intorno a noi.

Conclusione: il Bushido come guida per la vita moderna

Applicare il Bushido nella vita quotidiana non significa vivere nel passato, ma abbracciare i valori senza tempo che possono aiutarci a navigare nelle complessità del mondo moderno. Disciplina, onore, coraggio, compassione e consapevolezza sono principi che trascendono le epoche e le culture, offrendoci una guida per affrontare le sfide con saggezza e integrità.

Per i lettori italiani, il Bushido può rappresentare un'opportunità per riflettere su come vivere con maggiore autenticità e intenzione. In un'epoca caratterizzata da ritmi frenetici e distrazioni costanti, il Bushido ci invita a rallentare, a concentrarci su ciò che conta veramente e a coltivare una vita guidata da valori elevati. È un messaggio universale che, se applicato, può arricchire non solo la nostra vita, ma anche quella delle persone intorno a noi.

4.2 Come i principi del Bushido possono aiutare nel lavoro moderno

Nel frenetico e competitivo mondo del lavoro moderno, trovare equilibrio, scopo e coerenza può essere una sfida costante. I principi del Bushido, sviluppati in un contesto completamente diverso – quello dei samurai giapponesi – offrono una guida sorprendentemente rilevante per affrontare le complessità del nostro tempo. Le virtù fondamentali del Bushido, come l'onore, la disciplina, la lealtà e la compassione, possono essere applicate efficacemente nell'ambiente lavorativo, aiutandoci a costruire carriere significative e relazioni professionali autentiche.

L'onore: agire con integrità sul posto di lavoro

L'onore (*meiyo*) era un pilastro fondamentale per i samurai, che vedevano ogni azione come un riflesso del loro carattere. Nell'ambiente lavorativo moderno, l'onore si traduce in integrità e coerenza. Mantenere le promesse, rispettare i colleghi e assumersi la responsabilità delle proprie azioni sono esempi di come l'onore può essere vissuto quotidianamente.

Ad esempio, un manager che ammette un errore anziché cercare di nasconderlo dimostra onore e guadagna il rispetto del suo team. Allo stesso modo, un dipendente che lavora con dedizione anche senza supervisione diretta riflette il valore dell'integrità personale. Questo approccio non solo migliora la reputazione individuale, ma contribuisce anche a creare un ambiente lavorativo basato sulla fiducia reciproca.

La disciplina: raggiungere obiettivi con costanza

La disciplina (*shugyō*) era essenziale per i samurai, che dedicavano anni all'addestramento per perfezionare le loro abilità. Nel lavoro moderno, la disciplina è altrettanto cruciale, soprattutto in un mondo pieno di distrazioni. La capacità di concentrarsi, di organizzare il proprio tempo e di perseverare di fronte alle difficoltà è ciò che distingue i professionisti di successo.

Ad esempio, un lavoratore che si dedica quotidianamente al miglioramento delle proprie competenze, che sia attraverso corsi di formazione o l'autodidattica, applica la disciplina del Bushido. Questa dedizione non solo porta al successo personale, ma contribuisce anche al progresso dell'organizzazione, dimostrando che ogni passo, per quanto piccolo, è fondamentale per raggiungere obiettivi più grandi.

La lealtà: costruire relazioni di fiducia

La lealtà (*chūgi*) era considerata una virtù sacra dai samurai, che mettevano il loro onore al servizio del loro signore e della comunità. Nell'ambiente lavorativo, la lealtà si traduce nel lavorare per il bene comune dell'azienda e dei colleghi, piuttosto che perseguire esclusivamente interessi personali.

Ad esempio, un leader che protegge il suo team dalle pressioni ingiustificate o un collega che aiuta gli altri a raggiungere i loro obiettivi dimostrano la potenza della lealtà. Questa virtù non implica un'obbedienza cieca, ma un impegno verso valori condivisi e una visione comune, che rafforzano il senso di appartenenza e motivazione all'interno di un'organizzazione.

Il coraggio: affrontare le sfide con determinazione

Il coraggio (*yūki*), spesso associato alla battaglia, è altrettanto importante nel lavoro moderno. Il coraggio di esprimere un'opinione, di assumersi rischi calcolati o di affrontare situazioni difficili con determinazione è una qualità che distingue i leader e i professionisti di successo.

Pensiamo, ad esempio, a un lavoratore che propone un'idea innovativa durante una riunione, sapendo che potrebbe essere criticata, o a un manager che decide di cambiare strategia per il bene dell'azienda, nonostante le incertezze. Questo tipo di coraggio non solo porta a soluzioni creative, ma ispira anche gli altri a seguire il loro esempio.

La compassione: creare un ambiente di collaborazione

Per i samurai, la forza doveva essere sempre accompagnata dalla compassione (*jin*), una virtù che promuoveva la protezione dei più deboli e il benessere della comunità. Nel lavoro moderno, la compassione si traduce nella capacità di ascoltare, di comprendere le esigenze degli altri e di creare un ambiente inclusivo e collaborativo.

Ad esempio, un leader che riconosce i contributi dei membri del team e li supporta nei momenti di difficoltà non solo rafforza il morale, ma costruisce anche un clima di fiducia e rispetto. La compassione non è una debolezza, ma una forza che permette di creare connessioni umane autentiche, fondamentali per il successo a lungo termine.

La consapevolezza: vivere ogni momento con intenzione

Un principio fondamentale del Bushido è la consapevolezza (*zanshin*), ovvero la capacità di essere completamente presenti in ogni azione. Questa mentalità è particolarmente rilevante nel lavoro moderno, dove il multitasking e le pressioni costanti possono facilmente distrarci.

Applicare la consapevolezza significa dedicarsi completamente a una singola attività, evitando di essere sopraffatti dalla frenesia. Ad esempio, partecipare a una riunione ascoltando attivamente i colleghi, piuttosto che controllare costantemente le e-mail, dimostra il valore di essere presenti. Questo approccio non solo migliora la qualità del lavoro, ma favorisce anche decisioni più ponderate e relazioni più autentiche.

Un'etica del lavoro guidata dai valori

Il Bushido ci insegna che il lavoro non è solo un mezzo per guadagnarsi da vivere, ma un'opportunità per esprimere i propri valori e contribuire al bene comune. Che si tratti di affrontare sfide quotidiane, di collaborare con gli altri o di perseguire obiettivi personali, i principi del Bushido offrono una guida per vivere e lavorare con maggiore integrità, passione e scopo.

Conclusione: il Bushido come bussola per il successo

Nel lavoro moderno, i principi del Bushido rappresentano una bussola per orientarsi in un mondo in continua evoluzione. Disciplina, onore, lealtà, coraggio, compassione e consapevolezza non sono solo ideali astratti, ma strumenti pratici che possono aiutarci a costruire carriere significative e a creare ambienti lavorativi più umani e collaborativi.

Per i lettori italiani, applicare il Bushido nel lavoro significa integrare l'etica e la filosofia orientale in un contesto familiare, arricchendo il nostro approccio alla vita professionale. È un invito a lavorare non solo per il successo materiale, ma per un senso di realizzazione più profondo, costruito sui valori che rendono ogni azione significativa e ogni risultato duraturo.

4.3 Conflitti con il Bushido: Le sfide del XXI secolo

Il Bushido, con i suoi valori di onore, lealtà, disciplina e compassione, rappresenta un ideale che ha ispirato generazioni di samurai e continua a essere una guida etica per molti. Tuttavia, il XXI secolo presenta sfide uniche che possono entrare in conflitto con questi principi, rendendo difficile applicarli in un mondo sempre più complesso e globalizzato. Esplorare questi conflitti non significa abbandonare il Bushido, ma adattarne i valori per affrontare le realtà moderne con maggiore consapevolezza.

L'individualismo contro il senso di comunità

Uno dei principali conflitti tra il Bushido e il mondo contemporaneo è rappresentato dal crescente individualismo. Nella società dei samurai, la lealtà verso il proprio signore, il clan e la comunità era un valore supremo. Oggi, invece, molte culture, specialmente in contesti occidentali, enfatizzano l'autonomia personale e il perseguimento dei propri interessi.

Questo individualismo, sebbene positivo in alcuni aspetti, può portare a una frammentazione sociale e a una perdita del senso di appartenenza. Il Bushido ci invita a riflettere sull'importanza di bilanciare i nostri obiettivi personali con il contributo al benessere collettivo. In un mondo sempre più interconnesso, trovare modi per costruire comunità basate su valori condivisi può essere una risposta a questa tensione.

La competizione spietata e il sacrificio dell'etica

Nel XXI secolo, la competizione è spesso vista come una forza motrice per il progresso, sia a livello personale che aziendale. Tuttavia, questa competizione può portare a compromessi etici, come il perseguimento del successo a scapito dell'integrità. Nel Bushido, l'onore era un principio inviolabile, e il successo ottenuto senza etica era considerato privo di valore.

Ad esempio, nell'ambito lavorativo moderno, le pressioni per raggiungere obiettivi ambiziosi possono spingere le persone a prendere scorciatoie o a sacrificare i valori personali. Applicare il Bushido in questo contesto significa rifiutare questi compromessi e cercare soluzioni che rispettino sia l'etica che gli obiettivi. È una scelta che richiede coraggio, ma che costruisce una reputazione solida e duratura.

L'accelerazione tecnologica e la perdita di umanità

La tecnologia ha trasformato profondamente il mondo, portando incredibili progressi ma anche nuove sfide. Uno dei rischi principali è la disumanizzazione delle interazioni, in cui le persone diventano numeri o dati anziché esseri umani. Questo conflitto è particolarmente rilevante nel contesto del Bushido, che enfatizza la compassione e il rispetto per ogni individuo.

Ad esempio, nei social media o nell'economia digitale, l'anonimato e la velocità delle comunicazioni possono portare a una mancanza di empatia. Il Bushido ci invita a trattare ogni interazione con rispetto, anche in un mondo virtuale. Questo approccio non solo promuove relazioni più autentiche, ma ci ricorda l'importanza di preservare la nostra umanità in un'era dominata dalla tecnologia.

La sfida della sostenibilità e della giustizia globale

Un altro conflitto tra il Bushido e il XXI secolo riguarda la responsabilità verso il pianeta e le future generazioni. I samurai vivevano in armonia con la natura, riconoscendone la bellezza e la fragilità. Oggi, invece, il consumo eccessivo e la mancanza di attenzione all'ambiente stanno mettendo a rischio l'equilibrio del nostro ecosistema.

Applicare i valori del Bushido significa affrontare questa sfida con un senso di responsabilità collettiva. Ad esempio, possiamo adottare pratiche sostenibili nel nostro lavoro e nella nostra vita quotidiana, riconoscendo che il nostro benessere dipende da quello del pianeta. Questa prospettiva non è solo un dovere morale, ma un atto di compassione verso le generazioni future.

La pressione costante e la perdita di equilibrio

Il ritmo frenetico del mondo moderno può entrare in conflitto con i principi del Bushido, che valorizzano la consapevolezza e l'equilibrio interiore. I samurai dedicavano tempo alla meditazione e alla riflessione, riconoscendo l'importanza di coltivare una mente calma e centrata. Oggi, invece, la pressione per essere sempre produttivi può portare al burnout e alla perdita di connessione con sé stessi.

Affrontare questa sfida significa integrare momenti di pausa e riflessione nella nostra routine, ispirandoci alla disciplina mentale del Bushido. Ad esempio, possiamo praticare la mindfulness o semplicemente dedicare del tempo a osservare la natura, ritrovando un senso di calma e chiarezza. Questo approccio non solo migliora la nostra salute mentale, ma ci rende anche più efficaci nel lungo termine.

Adattare il Bushido al mondo moderno

Il Bushido non è un insieme rigido di regole, ma una filosofia che può essere adattata alle circostanze. Nel XXI secolo, applicare il Bushido significa trovare modi per integrare i suoi valori nei contesti attuali, affrontando i conflitti con creatività e flessibilità. Ad esempio, possiamo tradurre la lealtà verso un signore feudale in lealtà verso i nostri ideali o la nostra comunità. Possiamo trasformare la disciplina nell'impegno per una crescita personale costante e il coraggio nella capacità di affrontare l'incertezza.

Conclusione: il Bushido come guida per le sfide moderne

I conflitti tra il Bushido e il XXI secolo non devono essere visti come ostacoli insormontabili, ma come opportunità per riflettere e crescere. Adattare i principi del Bushido alle sfide moderne ci permette di vivere con maggiore integrità e significato, mantenendo un legame con i valori senza tempo che hanno guidato i samurai.

Per i lettori italiani, questa riflessione offre una prospettiva preziosa su come affrontare le complessità del mondo contemporaneo con una mente aperta e un cuore saldo. Il Bushido, pur nato in un'epoca e in un contesto diversi, continua a essere una fonte di ispirazione, dimostrando che i valori umani fondamentali possono superare qualsiasi barriera temporale o culturale. È un invito a vivere con maggiore consapevolezza e intenzione, affrontando le sfide del nostro tempo con la saggezza del passato e la determinazione di costruire un futuro migliore.

4.4 Ispirazioni dai samurai per le decisioni personali

I samurai non erano solo guerrieri, ma individui guidati da un codice morale rigoroso, il Bushido, che influenzava ogni aspetto della loro vita, incluse le decisioni personali. In un mondo moderno dove le scelte quotidiane possono sembrare travolgenti, i principi del Bushido offrono una guida pratica e ispiratrice per affrontare le sfide e prendere decisioni che riflettano i nostri valori più profondi. Guardare alla saggezza dei samurai significa imparare a vivere con intenzione, integrità e un senso di equilibrio.

La chiarezza mentale come base per ogni decisione
Per i samurai, una mente calma e centrata era essenziale per prendere decisioni sagge. Prima di affrontare una battaglia o un dilemma personale, dedicavano tempo alla meditazione, utilizzando tecniche come lo *zazen* (meditazione seduta) per eliminare le distrazioni e concentrarsi sull'essenziale. Questa pratica non era solo spirituale, ma anche pragmatica: una mente chiara permette di valutare ogni situazione con maggiore obiettività.

Nel contesto moderno, questa lezione è incredibilmente rilevante. Spesso, le nostre decisioni sono influenzate dallo stress, dalla fretta o dalle aspettative altrui. Prendere un momento per riflettere, magari attraverso la meditazione o semplicemente facendo una passeggiata, può aiutarci a vedere le cose con maggiore chiarezza. Ad esempio, di fronte a una scelta difficile, come cambiare lavoro o intraprendere un nuovo progetto, la calma mentale ci permette di valutare i pro e i contro senza essere sopraffatti dall'emozione del momento.

L'onore e l'integrità come bussola morale
Uno dei principi cardine del Bushido era l'onore, che per i samurai significava

agire in modo coerente con i propri valori e assumersi la responsabilità delle proprie scelte. Questo principio può essere una guida preziosa per le decisioni personali nel mondo moderno, dove spesso siamo tentati di prendere scorciatoie o di conformarci alle aspettative sociali.

Ad esempio, immaginate di trovarvi di fronte alla possibilità di ottenere un vantaggio personale, ma a costo di compromettere i vostri principi. I samurai ci insegnano che l'onore non ha prezzo e che le scelte fatte con integrità sono quelle che portano a una vita più significativa. Anche se può sembrare difficile, seguire una bussola morale chiara ci aiuta a costruire una reputazione solida e a mantenere la fiducia in noi stessi.

Il coraggio di affrontare l'incertezza

Il coraggio (*yūki*) non era solo una qualità necessaria sul campo di battaglia, ma anche nella vita quotidiana dei samurai. Ogni decisione, grande o piccola, richiede una dose di coraggio, soprattutto quando si tratta di affrontare l'incertezza. I samurai ci insegnano che il coraggio non consiste nell'assenza di paura, ma nella capacità di agire nonostante essa.

Nel mondo moderno, questo principio può essere applicato in molte situazioni: accettare un'opportunità lavorativa in un settore nuovo, affrontare una conversazione difficile con una persona cara o persino fare un cambiamento radicale nello stile di vita. Il coraggio ci spinge a uscire dalla nostra zona di comfort e ad abbracciare il cambiamento come un'opportunità di crescita. Ricordare che i samurai affrontavano ogni giorno con questa mentalità può ispirarci a fare lo stesso.

La lealtà verso sé stessi e i propri valori

Per i samurai, la lealtà (*chūgi*) era una virtù sacra, rivolta non solo al proprio signore, ma anche alla propria comunità e ai propri ideali. Nella vita moderna, questo concetto può essere tradotto come lealtà verso sé stessi e i propri valori. Spesso, le decisioni personali più difficili riguardano il bilanciamento tra ciò che vogliamo davvero e ciò che gli altri si aspettano da noi.

Ad esempio, scegliere un percorso di vita che riflette le proprie passioni e interessi, piuttosto che seguire una strada "sicura" o approvata dalla società, richiede coraggio e lealtà verso sé stessi. I samurai ci insegnano che la vera felicità deriva dall'essere fedeli a ciò che siamo, anche quando le nostre scelte non sono comprese o approvate da tutti.

L'importanza della compassione nelle scelte personali

La compassione (*jin*), una delle virtù più nobili del Bushido, ci ricorda che le nostre decisioni non riguardano solo noi, ma anche le persone intorno a noi. Per i samurai, la forza doveva essere sempre accompagnata dalla gentilezza, e ogni scelta doveva considerare il benessere della comunità.

Nelle decisioni personali, questo principio può essere applicato considerando l'impatto delle nostre azioni sugli altri. Ad esempio, scegliere di trascorrere più tempo con la famiglia, offrire il nostro supporto a un amico in difficoltà o partecipare a progetti di volontariato sono modi per integrare la compassione nelle nostre vite. Questo approccio non solo arricchisce le nostre relazioni, ma ci ricorda che le decisioni migliori sono quelle che creano valore non solo per noi stessi, ma anche per gli altri.

L'equilibrio tra razionalità e intuizione

I samurai sapevano che le decisioni migliori nascono dall'equilibrio tra razionalità e intuizione. La pianificazione strategica e l'analisi erano essenziali, ma altrettanto importante era ascoltare la propria intuizione, che spesso forniva risposte che la mente razionale non poteva cogliere. Questa combinazione di testa e cuore è un insegnamento prezioso per le decisioni personali.

Ad esempio, quando ci troviamo di fronte a una scelta complessa, possiamo raccogliere informazioni, consultare esperti e fare liste di pro e contro, ma alla fine è importante ascoltare anche la nostra voce interiore. I samurai ci insegnano che l'intuizione, coltivata attraverso la consapevolezza e l'esperienza, può essere una guida affidabile.

Conclusione: vivere come un moderno samurai

Prendere ispirazione dai samurai per le decisioni personali significa vivere con intenzione, coraggio e un profondo rispetto per sé stessi e per gli altri. I principi del Bushido offrono una guida senza tempo per affrontare le complessità della vita moderna, aiutandoci a navigare tra scelte difficili con una bussola morale chiara e un cuore saldo.

Per i lettori italiani, questa filosofia rappresenta un'opportunità per integrare valori universali nella vita quotidiana, trovando un equilibrio tra tradizione e modernità. Vivere come un moderno samurai non significa seguire rigidamente un codice antico, ma abbracciare la saggezza del passato per costruire un futuro guidato da scelte autentiche e significative. È un invito a riflettere su ciò che conta davvero e a vivere con il coraggio e la dignità che i samurai incarnavano.

4.5 Esempi di personalità moderne che incarnano il Bushido

Il Bushido, la "via del guerriero", è un insieme di valori che trascendono il tempo e il contesto storico in cui è nato. Anche se i samurai appartengono al passato, i principi che li guidavano – onore, lealtà, coraggio, compassione, autodisciplina – continuano a ispirare molte personalità moderne, in ambiti diversi come la politica, lo sport, l'imprenditoria e l'arte. Questi individui, pur non brandendo una spada, incarnano lo spirito del Bushido attraverso le loro azioni, decisioni e la loro dedizione a uno scopo più grande.

La dedizione di un leader: Nelson Mandela

Un esempio straordinario di un moderno "samurai" è Nelson Mandela. Anche se il suo contesto storico e culturale è lontano da quello giapponese, Mandela ha incarnato molte delle virtù del Bushido durante la sua lotta per la giustizia e l'uguaglianza in Sudafrica. La sua capacità di affrontare anni di prigionia con dignità e disciplina riflette il valore dell'autocontrollo e della resilienza, caratteristiche fondamentali per un samurai.

Mandela ha dimostrato anche una straordinaria compassione. Dopo la fine dell'apartheid, invece di cercare vendetta, ha scelto la via della riconciliazione, un atto che richiama il principio del *jin* (compassione). La sua leadership basata sull'onore e sulla lealtà verso il suo popolo ha ispirato milioni di persone in tutto il mondo, dimostrando che il vero coraggio non risiede solo nella battaglia, ma nella capacità di costruire ponti in tempi di divisione.

L'onore nello sport: Ayrton Senna

Ayrton Senna, il leggendario pilota di Formula 1, è un esempio di come i principi del Bushido possano essere applicati nello sport. Senna non era solo un atleta straordinario, ma anche una persona che viveva secondo un codice di onore e integrità. La sua dedizione al miglioramento continuo e la sua capacità di affrontare ogni gara con concentrazione assoluta ricordano la disciplina e la determinazione dei samurai.

Senna era noto per il suo profondo rispetto verso il suo team e per la sua lealtà nei confronti dei fan, che considerava parte integrante del suo successo. Inoltre, il suo impegno nel sostenere cause umanitarie attraverso la sua fondazione riflette la compassione e il desiderio di usare il proprio successo per il bene degli altri, un tratto distintivo di chi vive secondo i principi del Bushido.

Il coraggio dell'innovazione: Steve Jobs

Steve Jobs, co-fondatore di Apple, è un esempio di come il coraggio e la visione possano trasformare il mondo. Jobs incarnava il principio del *yūki* (coraggio) attraverso la sua capacità di sfidare le convenzioni e di intraprendere percorsi inesplorati. La sua determinazione nel perseguire la perfezione nei prodotti che creava ricorda l'attenzione al dettaglio e la ricerca dell'eccellenza tipiche dei samurai.

Jobs era anche noto per la sua capacità di ispirare le persone intorno a lui, creando un senso di lealtà e dedizione all'interno del suo team. Sebbene la sua leadership fosse a volte controversa, il suo impegno per creare qualcosa di significativo e duraturo lo rende un esempio moderno di un individuo che vive secondo un codice di valori elevati.

La compassione e la giustizia sociale: Malala Yousafzai

Malala Yousafzai, attivista per l'istruzione e la più giovane vincitrice del Premio Nobel per la Pace, è un altro esempio di una personalità che incarna i valori del Bushido. Nonostante le minacce alla sua vita, Malala ha dimostrato un coraggio straordinario (*yūki*) nel difendere il diritto all'istruzione per le ragazze in Pakistan e nel mondo.

La sua compassione verso i meno privilegiati e la sua determinazione a creare un cambiamento positivo riflettono il valore del *jin*. Malala non solo si batte per una causa nobile, ma lo fa con un senso di onore e lealtà verso i suoi principi, dimostrando che anche in un mondo moderno si può vivere secondo un codice etico profondo.

L'autodisciplina nell'arte: Miyamoto Musashi come ispirazione moderna

Sebbene non sia una figura contemporanea, Miyamoto Musashi, leggendario samurai e autore del *Libro dei Cinque Anelli*, continua a ispirare artisti e professionisti di tutto il mondo. La sua enfasi sull'autodisciplina, la pratica costante e la capacità di adattarsi alle circostanze sono qualità che possono essere viste in molte personalità moderne.

Un esempio di autodisciplina nell'arte contemporanea è Yo-Yo Ma, il famoso violoncellista. La sua dedizione alla musica, la sua capacità di innovare e di collaborare con artisti di culture diverse riflettono lo spirito di un samurai moderno. Attraverso la sua arte, Yo-Yo Ma dimostra che l'eccellenza e l'armonia possono essere raggiunte solo attraverso un impegno costante e una profonda connessione con il proprio lavoro.

Conclusione: il Bushido come modello universale

Le personalità moderne che incarnano i principi del Bushido dimostrano che questi valori non sono confinati alla storia dei samurai, ma possono essere applicati in qualsiasi epoca e contesto. Che si tratti di leader politici, atleti, innovatori o attivisti, il Bushido offre una guida per vivere con onore, coraggio, compassione e autodisciplina.

Per i lettori italiani, queste storie ispiratrici mostrano che il Bushido non è solo una filosofia giapponese, ma un insieme di valori universali che possono arricchire le nostre vite. È un invito a riflettere su come possiamo integrare questi principi nella nostra quotidianità, affrontando le sfide moderne con la stessa forza e grazia che caratterizzavano i samurai del passato.

5. Autodisciplina e forza interiore

5.1 Comprendere l'autodisciplina: La base del successo

L'autodisciplina è uno dei pilastri fondamentali del successo personale e professionale. Nel Bushido, il codice morale dei samurai, l'autodisciplina era considerata una virtù essenziale, capace di trasformare un semplice guerriero in un maestro della spada e della mente. Oggi, in un mondo dominato dalle distrazioni e dalla gratificazione immediata, l'autodisciplina rimane una qualità indispensabile per raggiungere i propri obiettivi e vivere una vita autentica e significativa.

Che cos'è l'autodisciplina?

Spesso l'autodisciplina viene fraintesa come una forma di auto-punizione o privazione. In realtà, è esattamente l'opposto: è la capacità di guidare sé stessi verso obiettivi che richiedono impegno, perseveranza e controllo. Non è una forza esterna che ci obbliga a seguire determinate regole, ma un'energia interna che ci spinge a fare ciò che è giusto, anche quando è difficile.

Nel contesto del Bushido, l'autodisciplina significava allenarsi incessantemente, affinare le proprie abilità e vivere secondo un codice morale, anche in assenza di supervisione. Questo principio può essere applicato nella nostra vita quotidiana, dove la vera autodisciplina si manifesta nella capacità di mantenere le promesse fatte a sé stessi, di superare le tentazioni e di perseverare di fronte alle difficoltà.

L'autodisciplina come atto di amore verso sé stessi

In molte culture, incluso il Giappone, l'autodisciplina non è vista come un sacrificio, ma come un atto di amore verso sé stessi. Quando scegliamo di essere disciplinati, stiamo investendo nel nostro futuro e costruendo una vita che riflette i nostri valori e obiettivi. Ad esempio, dedicare del tempo ogni giorno per fare esercizio fisico, anche quando siamo stanchi, non è una forma di privazione, ma un modo per prenderci cura della nostra salute e del nostro benessere.

Allo stesso modo, l'autodisciplina nel lavoro o nello studio ci permette di sviluppare competenze e conoscenze che ci avvicinano ai nostri sogni. Ogni piccolo sacrificio fatto oggi porta a una ricompensa maggiore domani, creando un ciclo positivo che rafforza la nostra fiducia in noi stessi.

Le sfide dell'autodisciplina nel mondo moderno

Viviamo in un'epoca in cui le distrazioni sono ovunque: notifiche sui telefoni, social media, intrattenimento immediato. In questo contesto, coltivare l'autodisciplina può sembrare una sfida impossibile. Tuttavia, è proprio in un mondo così caotico che l'autodisciplina diventa ancora più preziosa. È lo strumento che ci permette di filtrare ciò che è importante da ciò che è superfluo e di focalizzarci su ciò che conta davvero.

Ad esempio, pensiamo a quanto sia facile procrastinare di fronte a un compito impegnativo. L'autodisciplina ci aiuta a superare questa resistenza iniziale, ricordandoci il motivo per cui abbiamo iniziato e il beneficio che otterremo completando il compito. È una forza che ci guida attraverso la confusione e ci permette di avanzare con chiarezza e determinazione.

Gli insegnamenti del Bushido sull'autodisciplina

Nel Bushido, l'autodisciplina era inseparabile dall'idea di crescita personale. I samurai credevano che ogni giorno fosse un'opportunità per migliorare, sia nelle arti marziali che nella vita quotidiana. Questa mentalità può essere applicata anche nel mondo moderno: invece di cercare la perfezione immediata, possiamo concentrarci sul progresso costante.

Un esempio pratico è quello della pratica deliberata, un concetto che i samurai conoscevano bene. Quando si allenavano con la spada, non si limitavano a ripetere movimenti meccanici, ma si concentravano su ogni dettaglio, cercando di migliorare ogni colpo. Allo stesso modo, possiamo applicare questo principio alle nostre attività, che si tratti di imparare una nuova lingua, sviluppare una competenza professionale o migliorare la nostra salute. L'obiettivo non è la perfezione, ma il progresso continuo.

I benefici dell'autodisciplina: oltre il successo personale

L'autodisciplina non solo ci aiuta a raggiungere i nostri obiettivi, ma ha anche un impatto positivo sul nostro benessere mentale ed emotivo. Quando siamo disciplinati, ci sentiamo più in controllo della nostra vita, il che riduce lo stress e aumenta la nostra autostima. Inoltre, l'autodisciplina ci permette di creare abitudini positive che, una volta consolidate, richiedono meno sforzo e diventano parte naturale della nostra routine.

Ad esempio, iniziare la giornata con una semplice routine mattutina, come fare una breve meditazione o pianificare le attività del giorno, può dare un senso di ordine e chiarezza che si riflette in tutto ciò che facciamo. Questo tipo di disciplina non solo migliora la nostra produttività, ma ci aiuta anche a coltivare una mente più serena e concentrata.

Applicare l'autodisciplina nella vita quotidiana

L'autodisciplina non è qualcosa che si sviluppa dall'oggi al domani, ma un'abitudine che si coltiva nel tempo. Un modo efficace per iniziare è fissare piccoli obiettivi realistici e lavorare costantemente per raggiungerli. Ad esempio, se il nostro obiettivo è migliorare la salute fisica, possiamo iniziare con una breve camminata ogni giorno, aumentando gradualmente la durata e l'intensità.

Ogni piccolo passo rafforza la nostra capacità di autodisciplina, creando un effetto domino che ci motiva a fare di più.

Un altro aspetto importante è imparare a gestire le tentazioni. I samurai, ad esempio, si allenavano a mantenere la calma e il controllo anche in situazioni di grande pressione. Nel nostro contesto, questo può significare resistere all'impulso di controllare costantemente il telefono durante il lavoro o di rimandare un compito importante. Prendere consapevolezza di questi momenti e scegliere consapevolmente di agire in modo disciplinato è una forma di allenamento mentale che rafforza la nostra forza interiore.

Conclusione: l'autodisciplina come fondamento per una vita significativa

L'autodisciplina non è solo la base del successo, ma anche la chiave per vivere una vita piena e autentica. Attraverso la pratica costante e la dedizione, possiamo sviluppare la forza interiore necessaria per affrontare le sfide, raggiungere i nostri obiettivi e vivere secondo i nostri valori. Gli insegnamenti del Bushido ci ricordano che l'autodisciplina non è un fine in sé, ma un mezzo per realizzare il nostro potenziale e contribuire al bene degli altri.

Per i lettori italiani, questa filosofia rappresenta un invito a riflettere su come possiamo integrare l'autodisciplina nella nostra vita quotidiana, affrontando le sfide moderne con lo spirito dei samurai. È un percorso che richiede impegno, ma che offre ricompense durature, arricchendo non solo la nostra vita, ma anche quella delle persone intorno a noi.

5.2 Esercizi per la chiarezza mentale: Meditazione e tecniche di respirazione

La mente è spesso paragonata a un lago: quando è calma, riflette chiaramente il cielo sopra di esso, ma quando è agitata, diventa torbida e confusa. Per i samurai, la chiarezza mentale era essenziale per prendere decisioni rapide ed efficaci sul campo di battaglia. Questo stato di calma interiore non era un dono naturale, ma il risultato di pratiche costanti come la meditazione e il controllo della respirazione. Anche nel mondo moderno, queste tecniche possono aiutarci a navigare tra le sfide quotidiane con maggiore serenità e concentrazione.

Perché la chiarezza mentale è importante

La chiarezza mentale non è solo un concetto astratto; è una qualità concreta che influenza il nostro benessere e le nostre prestazioni. Una mente chiara ci aiuta a concentrarci meglio, a prendere decisioni più informate e a rispondere alle situazioni difficili con calma e determinazione. Al contrario, una mente confusa o sopraffatta dallo stress può portare a errori, procrastinazione e tensioni emotive.

I samurai, che vivevano in un contesto di costante pericolo, riconoscevano che una mente calma era la loro arma più potente. Attraverso pratiche come lo *zazen* (meditazione seduta) e il controllo consapevole della respirazione, riuscivano a mantenere la calma anche nelle situazioni più critiche. Oggi, queste tecniche sono più accessibili che mai e possono essere integrate nella nostra routine quotidiana per migliorare la qualità della nostra vita.

La meditazione: una pratica senza tempo

La meditazione è una delle pratiche più efficaci per coltivare la chiarezza mentale. Non si tratta di "svuotare" la mente, come molti credono erroneamente, ma di imparare a osservare i pensieri senza lasciarsi sopraffare da essi. Per i samurai, lo *zazen* era una pratica fondamentale per allenare la concentrazione e sviluppare una profonda consapevolezza di sé.

Iniziare a meditare non richiede particolari competenze o strumenti. Ecco come potete fare:

> **1. Trova un luogo tranquillo:** Scegliete un ambiente dove non sarete disturbati per almeno 5-10 minuti.
> **2. Siediti comodamente:** Potete sedervi su una sedia, sul pavimento o su un cuscino. L'importante è mantenere la schiena dritta, ma rilassata.
> **3. Concentrati sul respiro:** Portate l'attenzione al vostro respiro, osservando l'aria che entra e esce dal naso. Non cercate di cambiarlo; limitatevi a osservarlo.
> **4. Nota i pensieri:** Quando la mente si distrae, riportate gentilmente l'attenzione al respiro. Non giudicate i vostri pensieri, ma lasciateli andare come nuvole che passano nel cielo.

Anche solo cinque minuti al giorno di meditazione possono fare una grande differenza, aiutandovi a sviluppare una maggiore consapevolezza e una calma interiore che si riflette in tutte le aree della vita.

Le tecniche di respirazione: il ponte tra corpo e mente

Il respiro è uno strumento straordinario che collega il corpo e la mente. Quando siamo ansiosi o stressati, il nostro respiro tende a diventare rapido e superficiale. Al contrario, respirare lentamente e profondamente invia un segnale al cervello che ci aiuta a rilassarci. I samurai conoscevano bene il potere della respirazione e la usavano per mantenere la calma in situazioni di alta pressione.

Una delle tecniche di respirazione più semplici ed efficaci è la **respirazione**

diaframmatica. Questa tecnica consiste nel coinvolgere il diaframma, il muscolo principale della respirazione, per riempire i polmoni in modo più completo e profondo. Ecco come praticarla:

1. Siediti o sdraiati in una posizione comoda.
Posiziona una mano sul petto e l'altra sull'addome, appena sotto le costole.
2. Inspira profondamente dal naso.
Assicurati che l'addome si alzi mentre il petto rimane relativamente fermo. Questo indica che stai usando il diaframma.
3. Espirare lentamente dalla bocca.
Espira completamente, permettendo all'addome di abbassarsi. Puoi immaginare di liberarti di ogni tensione con ogni espirazione.
4. Ripeti per alcuni minuti.
Concentrati sulla sensazione del respiro e lascia andare ogni pensiero o distrazione.

Questa tecnica può essere praticata ovunque e in qualsiasi momento, soprattutto quando vi sentite stressati o sopraffatti. Con il tempo, noterete che il vostro respiro diventa naturalmente più profondo e rilassato, migliorando il vostro benessere generale.

Il potere del respiro consapevole nei momenti di stress

Un'altra tecnica utile, particolarmente in situazioni di stress acuto, è la **respirazione 4-7-8**, sviluppata dal dottor Andrew Weil e simile alle pratiche tradizionali giapponesi di controllo del respiro. Questa tecnica si basa su un ritmo specifico che aiuta a calmare il sistema nervoso:

1. Inspira attraverso il naso per 4 secondi.
2. Trattieni il respiro per 7 secondi.
3. Espira lentamente attraverso la bocca per 8 secondi.

Ripetete questo ciclo per 3-4 volte. Questo tipo di respirazione non solo riduce lo stress, ma favorisce anche il rilassamento profondo, migliorando la qualità del sonno e la capacità di concentrazione.

Integrare queste pratiche nella vita quotidiana

La meditazione e le tecniche di respirazione non devono essere viste come attività isolate, ma come strumenti che possono essere integrati nella routine quotidiana. Ad esempio, potete iniziare la giornata con cinque minuti di respirazione profonda per prepararvi mentalmente alle sfide che vi attendono.

Oppure, durante una pausa lavorativa, potete praticare una breve sessione di meditazione per ricaricare la mente.

Anche i momenti di transizione, come il tragitto verso il lavoro o una pausa dopo cena, possono essere un'opportunità per connettersi al respiro e ritrovare la calma. Queste pratiche non solo migliorano la vostra capacità di concentrazione, ma vi aiutano anche a vivere con maggiore consapevolezza e intenzione.

Conclusione: un viaggio verso la chiarezza mentale

La chiarezza mentale non è un dono riservato a pochi, ma una qualità che tutti possiamo coltivare attraverso la meditazione e la respirazione consapevole. Seguendo l'esempio dei samurai, possiamo allenare la nostra mente a rimanere calma e centrata, anche nei momenti di maggiore difficoltà. Queste pratiche non solo migliorano il nostro benessere mentale, ma ci permettono anche di affrontare la vita con una nuova prospettiva, più serena e consapevole.

Per i lettori italiani, queste tecniche rappresentano un'opportunità per esplorare un aspetto della cultura giapponese che può arricchire la nostra quotidianità. È un invito a rallentare, a respirare e a vivere con maggiore equilibrio, imparando a gestire le sfide con la calma e la determinazione di un moderno samurai.

5.3 Il ruolo delle routine: Dal rituale mattutino alla pianificazione giornaliera

Nella vita moderna, spesso caratterizzata da ritmi frenetici e da una miriade di distrazioni, avere una routine strutturata può rappresentare una vera ancora di salvezza. Le routine non solo ci aiutano a mantenere un senso di ordine, ma possono anche potenziare la nostra produttività, migliorare il nostro benessere mentale e rafforzare la nostra autodisciplina. Questo concetto, profondamente radicato nella cultura dei samurai, ha ancora oggi un valore straordinario. Per i samurai, i rituali quotidiani non erano semplici abitudini, ma pratiche intenzionali che rafforzavano il corpo, la mente e lo spirito, preparando ogni giornata con chiarezza e scopo.

Il rituale mattutino: iniziare la giornata con intenzione

La mattina è un momento cruciale, che determina spesso l'andamento del resto della giornata. Per i samurai, le prime ore del giorno erano dedicate a pratiche che combinavano l'esercizio fisico, la meditazione e la riflessione. Questi rituali non erano solo un modo per prepararsi fisicamente alle sfide, ma anche per entrare in uno stato mentale di calma e concentrazione.

Nella nostra vita quotidiana, possiamo prendere ispirazione da questi antichi guerrieri creando un rituale mattutino che favorisca la chiarezza mentale e la produttività. Ad esempio, iniziare la giornata con una breve sessione di meditazione o respirazione può aiutare a calmare la mente e a focalizzarsi sulle priorità. Anche attività come scrivere un diario, leggere una frase ispiratrice o pianificare la giornata possono dare una struttura e un senso di controllo.

Un rituale mattutino semplice ma efficace potrebbe includere:

> **Idratazione:** Bere un bicchiere d'acqua appena svegli per rinfrescare il corpo e la mente.
> **Movimento:** Fare qualche minuto di stretching o una breve camminata per attivare il corpo.
> **Riflessione:** Dedicate qualche minuto a pensare agli obiettivi della giornata, magari annotandoli su un quaderno.

Queste pratiche, pur semplici, creano una base solida su cui costruire il resto della giornata, permettendoci di affrontare gli imprevisti con maggiore serenità e chiarezza.

La pianificazione giornaliera: un percorso verso l'efficacia

Dopo aver stabilito una base con il rituale mattutino, il passo successivo è pianificare la giornata in modo strategico. I samurai erano noti per la loro attenzione ai dettagli e per la capacità di prevedere gli scenari futuri. Allo stesso modo, pianificare in anticipo ci permette di evitare distrazioni, di assegnare tempo alle attività più importanti e di gestire meglio lo stress.

La pianificazione non deve essere complessa o rigida; ciò che conta è identificare le priorità e allocare il tempo in modo realistico. Ad esempio, una tecnica efficace è quella di suddividere la giornata in blocchi di tempo, assegnando a ciascun blocco un'attività specifica. Questo metodo, noto come "time-blocking", aiuta a mantenere il focus e a evitare la tentazione di multitasking, che spesso riduce l'efficacia.

Un altro approccio utile è la "regola delle tre priorità": identificare le tre attività più importanti da completare entro la fine della giornata. Concentrandosi su questi obiettivi chiave, si garantisce che il tempo e l'energia siano dedicati a ciò che ha realmente valore.

Il potere delle micro-abitudini: costruire il cambiamento passo dopo passo

Uno degli insegnamenti fondamentali del Bushido è che il miglioramento non avviene attraverso cambiamenti drastici, ma attraverso piccoli passi costanti. Questo principio si applica anche alle routine: invece di cercare di trasformare radicalmente le nostre abitudini in un colpo solo, possiamo iniziare con micro-abitudini che gradualmente si consolidano.

Ad esempio, se desideriamo introdurre l'esercizio fisico nella nostra giornata, possiamo iniziare con soli cinque minuti al giorno, aumentando gradualmente la durata. Allo stesso modo, se vogliamo migliorare la nostra produttività, possiamo iniziare dedicando i primi dieci minuti della mattina a pianificare le attività principali. Questi piccoli cambiamenti, ripetuti costantemente, creano un effetto cumulativo che può trasformare profondamente la nostra vita.

Il ruolo della flessibilità: adattarsi senza perdere l'intenzione

Sebbene le routine siano utili, è importante riconoscere che la vita è imprevedibile e che non sempre possiamo seguire i nostri piani alla lettera. I samurai, nonostante la loro rigida autodisciplina, erano anche maestri nell'adattarsi alle circostanze, mantenendo la calma e l'equilibrio di fronte agli imprevisti.

Nella nostra vita, questo significa accettare che le routine non devono essere perfette per essere efficaci. Se un imprevisto interrompe la nostra giornata, possiamo semplicemente riorganizzarci, mantenendo il focus sulle priorità. La flessibilità non è una debolezza, ma una forza che ci permette di continuare a progredire nonostante le difficoltà.

Routine serali: chiudere la giornata con intenzione

Così come un buon rituale mattutino prepara per una giornata produttiva, una routine serale può aiutare a chiudere la giornata con gratitudine e riflessione. Per i samurai, la sera era un momento per meditare sulle azioni del giorno, riconoscendo sia i successi che le aree di miglioramento. Questo processo di auto-riflessione non era un giudizio, ma un'opportunità per imparare e crescere.

Nella nostra vita, possiamo adottare una pratica simile dedicando qualche minuto alla fine della giornata per riflettere su ciò che abbiamo realizzato, su ciò che possiamo migliorare e su cosa siamo grati. Questo momento di introspezione non solo favorisce un sonno più profondo e rilassante, ma ci aiuta anche a iniziare il giorno successivo con una mente più chiara e uno spirito più forte.

Conclusione: le routine come strumento di trasformazione personale

Le routine non sono solo una serie di attività ripetute, ma un mezzo per vivere con maggiore intenzione e consapevolezza. Seguendo l'esempio dei samurai, possiamo creare rituali che rafforzano il corpo, la mente e lo spirito, aiutandoci a navigare nelle complessità della vita moderna con maggiore equilibrio e scopo.

Per i lettori italiani, adottare routine ispirate al Bushido può rappresentare un'opportunità per trasformare la quotidianità in un viaggio verso la crescita personale. Non importa quanto sia frenetica la nostra vita; con un po' di pianificazione e dedizione, possiamo creare un ritmo che ci permette di vivere non solo in reazione agli eventi, ma con la piena consapevolezza di ciò che vogliamo realizzare. Questo è il segreto di una vita guidata dai valori e dall'intenzione, proprio come quella dei samurai.

5.4 Costruire resilienza: Affrontare le difficoltà

La resilienza è una qualità indispensabile per affrontare le difficoltà della vita, che si tratti di ostacoli quotidiani o di sfide più complesse. Nel Bushido, il codice morale dei samurai, la resilienza era considerata una virtù essenziale, radicata nella disciplina, nel coraggio e nella consapevolezza. Per i samurai, affrontare le difficoltà non era solo una necessità, ma un'opportunità per crescere e rafforzarsi. Questo insegnamento, sebbene nato in un contesto storico molto diverso, ha una sorprendente rilevanza per il mondo moderno, dove la capacità di adattarsi e di rialzarsi dopo una caduta è più importante che mai.

Che cos'è la resilienza?

La resilienza non è semplicemente la capacità di resistere alle avversità, ma quella di trasformare le difficoltà in opportunità di crescita. È un equilibrio tra forza interiore e flessibilità, che ci permette di affrontare le sfide senza spezzarci. Per i samurai, la resilienza era un modo di vivere: ogni errore, ogni sconfitta, era un insegnamento prezioso che li spingeva a migliorarsi costantemente.

Nella nostra vita quotidiana, la resilienza si manifesta nella capacità di affrontare momenti difficili con una mentalità positiva e orientata alla soluzione. Non si tratta di negare il dolore o lo stress, ma di accettarli come parte integrante del viaggio umano e di trovare modi per superarli con dignità e determinazione.

Gli insegnamenti del Bushido sulla resilienza

Il Bushido offre molte lezioni preziose sulla costruzione della resilienza. Una delle più importanti è il concetto di *ganbaru*, che può essere tradotto come "non arrendersi mai" o "dare il massimo". Per i samurai, *ganbaru* significava perseverare anche nelle situazioni più difficili, mantenendo fede ai propri valori e obiettivi. Questo principio ci insegna che la vera forza non sta nell'evitare le difficoltà, ma nell'affrontarle con coraggio e determinazione.

Ad esempio, un samurai sconfitto in battaglia non si lasciava sopraffare dalla disperazione, ma utilizzava l'esperienza per analizzare i propri errori e migliorare le proprie abilità. Questa mentalità può essere applicata anche nella nostra vita moderna: ogni fallimento è un'opportunità per imparare, crescere e diventare più forti.

Affrontare le difficoltà con una mente calma

Una delle chiavi della resilienza è la capacità di mantenere la calma di fronte alle difficoltà. I samurai si allenavano costantemente per sviluppare una mente calma e centrata, sapendo che il panico o la confusione potevano portare a decisioni sbagliate. Questa capacità, nota come *zanshin*, si traduce in una presenza mentale che ci permette di affrontare le sfide con chiarezza e concentrazione.

Nel mondo moderno, possiamo coltivare questa qualità attraverso pratiche come la meditazione, la respirazione consapevole e la riflessione. Ad esempio, quando affrontiamo una situazione stressante, prendere qualche minuto per respirare profondamente e calmare la mente può fare una grande differenza. Questo ci aiuta a vedere le cose con maggiore obiettività e a trovare soluzioni più efficaci.

La forza della comunità nella resilienza

Un altro insegnamento del Bushido è l'importanza della comunità e del sostegno reciproco. I samurai non combattevano mai da soli, ma facevano parte di una rete di alleanze e relazioni che offriva forza e protezione. Nella nostra vita, il sostegno degli altri è fondamentale per costruire la resilienza. Avere persone di fiducia con cui condividere le nostre difficoltà ci aiuta a sentirci meno soli e ci dà la forza di andare avanti.

Ad esempio, affrontare una perdita o un fallimento diventa più gestibile quando possiamo contare su amici, familiari o colleghi che ci ascoltano e ci incoraggiano. Anche il semplice gesto di chiedere aiuto, spesso visto come un segno di debolezza, è in realtà un atto di coraggio e una dimostrazione di resilienza.

La flessibilità: adattarsi senza perdere la propria identità

Un altro aspetto fondamentale della resilienza è la flessibilità, che i samurai simboleggiavano con l'immagine del bambù: una pianta che si piega al vento senza spezzarsi. Questa metafora ci insegna che la capacità di adattarsi ai cambiamenti è una delle qualità più importanti per superare le difficoltà.

Nella vita moderna, questa flessibilità si traduce nella capacità di rivedere i propri piani e di accettare che le cose non sempre vanno come previsto. Ad esempio, se un obiettivo professionale sembra irraggiungibile, possiamo trovare modi alternativi per avvicinarci a ciò che desideriamo, senza abbandonare i nostri valori fondamentali. La resilienza non significa resistere rigidamente, ma adattarsi con grazia.

Coltivare una mentalità di crescita

La resilienza è strettamente legata alla mentalità di crescita, un concetto che ci invita a vedere ogni difficoltà come un'opportunità per imparare e migliorare. I samurai, che dedicavano la loro vita al perfezionamento delle loro abilità, sapevano che il vero fallimento non era perdere, ma smettere di cercare di migliorarsi.

Nella nostra vita, possiamo adottare questa mentalità accettando gli errori come parte del processo e concentrandoci sui progressi piuttosto che sulla perfezione. Ad esempio, se stiamo imparando una nuova abilità o affrontando una sfida personale, possiamo celebrare i piccoli successi lungo il percorso, invece di concentrarci solo sul risultato finale.

Conclusione: una resilienza ispirata dai samurai

La resilienza non è una qualità innata, ma una capacità che si costruisce giorno dopo giorno, attraverso le esperienze e le scelte che facciamo. Gli insegnamenti del Bushido ci offrono una guida per affrontare le difficoltà con forza, flessibilità e dignità, trasformando ogni ostacolo in un'opportunità di crescita.

Per i lettori italiani, la resilienza ispirata dai samurai rappresenta un invito a vivere con maggiore consapevolezza e determinazione. È un promemoria che, anche nei momenti più difficili, possiamo trovare la forza di andare avanti, sostenuti dai nostri valori e dalle persone intorno a noi. Come i samurai, possiamo affrontare la vita con coraggio e grazia, sapendo che ogni sfida superata ci rende più forti e più saggi.

5.5 La dieta dei samurai: Abitudini alimentari giapponesi tradizionali e salute

La dieta giapponese tradizionale, che affonda le sue radici nella cultura dei samurai, non è solo un insieme di cibi e ricette, ma un vero e proprio stile di vita. Per i samurai, l'alimentazione era considerata fondamentale non solo per mantenere la forza fisica, ma anche per garantire una mente lucida e uno spirito equilibrato. Ancora oggi, le abitudini alimentari giapponesi sono riconosciute a livello globale per i loro benefici sulla salute e la longevità. Questo approccio all'alimentazione può ispirare anche il lettore moderno a prendersi cura del proprio corpo e della propria mente attraverso scelte alimentari consapevoli.

Un'alimentazione semplice, equilibrata e nutriente

La dieta dei samurai era caratterizzata dalla semplicità e dall'equilibrio. Nonostante fossero guerrieri abituati a intensi allenamenti fisici, i loro pasti erano lontani dagli eccessi. L'obiettivo principale era quello di fornire energia costante senza appesantire il corpo, così da garantire agilità e prontezza mentale. I samurai consumavano principalmente riso, verdure di stagione e pesce, accompagnati da alimenti fermentati come il miso e il pickles (*tsukemono*). Questa combinazione di ingredienti fornisce una ricca gamma di nutrienti essenziali, senza mai esagerare nelle quantità.

Ad esempio, il riso, spesso considerato l'alimento base della dieta giapponese, era una fonte primaria di carboidrati complessi, che offrivano energia duratura. Le verdure, coltivate localmente e consumate fresche, fornivano vitamine e minerali fondamentali. Il pesce, ricco di proteine e grassi salutari come gli omega-3, contribuiva al mantenimento della forza muscolare e alla salute del cuore. Questa combinazione equilibrata di macronutrienti e micronutrienti era una delle chiavi del vigore fisico dei samurai.

Il ruolo degli alimenti fermentati: una salute intestinale ottimale

Gli alimenti fermentati erano un elemento imprescindibile della dieta dei samurai. Prodotti come il miso, il natto e il tsukemono non solo aggiungevano sapore ai pasti, ma contribuivano anche a mantenere una salute intestinale ottimale. La fermentazione, infatti, arricchisce gli alimenti di probiotici, batteri benefici che favoriscono una digestione sana e rafforzano il sistema immunitario.

Il miso, una pasta fermentata a base di soia, era utilizzato per preparare la famosa zuppa di miso, consumata ancora oggi come parte della colazione giapponese tradizionale. Questa zuppa, leggera ma ricca di sapore, forniva energia e aiutava il corpo a riscaldarsi nelle fredde mattine invernali. Il natto, un alimento meno conosciuto in Occidente, è una preparazione a base di semi di soia fermentati, ricca di vitamina K2 e proteine. Sebbene il suo sapore forte e la consistenza viscida possano risultare insoliti per i palati occidentali, il natto era apprezzato dai samurai per i suoi benefici per le ossa e la circolazione.

Moderazione e rispetto per il cibo

Un altro aspetto importante della dieta dei samurai era l'attenzione alla moderazione. I samurai praticavano il principio del "hara hachi bu", che significa "mangiare fino all'80% della sazietà". Questa abitudine, ancora diffusa in alcune regioni del Giappone come Okinawa, favorisce una digestione più efficiente e riduce il rischio di sovrappeso e malattie legate all'eccesso calorico.

Ma la moderazione non era solo una questione di salute fisica. Era anche un'espressione di rispetto per il cibo e per il lavoro necessario a produrlo. I samurai, influenzati dalla filosofia zen, vedevano ogni pasto come un momento di gratitudine e consapevolezza. Questa mentalità può ispirare anche noi oggi a rallentare e a gustare ogni boccone, invece di consumare i pasti distrattamente.

Il tè come alleato della mente e del corpo

Il tè verde, in particolare il *matcha*, era un'altra componente fondamentale della dieta dei samurai. Oltre a essere una bevanda rinfrescante, il tè verde era apprezzato per le sue proprietà benefiche. Ricco di antiossidanti, aiutava a combattere lo stress ossidativo e a mantenere il corpo in salute. Inoltre, il *matcha*, una varietà di tè verde in polvere, era spesso consumato durante le cerimonie del tè, un rituale che combinava mindfulness e socialità.

Per i samurai, il tè non era solo una bevanda, ma un mezzo per raggiungere una maggiore concentrazione e calma interiore. La teanina, un aminoacido presente nel tè verde, favorisce uno stato di rilassamento senza causare sonnolenza, rendendolo ideale per prepararsi mentalmente alle sfide. Anche oggi, sostituire bevande zuccherate o stimolanti con il tè verde può contribuire a migliorare la salute e a favorire un senso di equilibrio.

Come integrare la dieta dei samurai nella vita moderna

Non è necessario essere un samurai per trarre beneficio dalle loro abitudini alimentari. Anche nella vita moderna, possiamo adottare alcuni principi della loro dieta per migliorare la nostra salute e il nostro benessere. Ad esempio, possiamo iniziare a includere più cibi integrali e non trasformati nella nostra alimentazione, come riso integrale, verdure fresche e pesce.

Possiamo anche introdurre alimenti fermentati nella nostra dieta, come il miso o il kimchi, che sono facilmente reperibili anche in Italia. Inoltre, praticare il principio del "hara hachi bu" ci aiuta a essere più consapevoli delle quantità che consumiamo e a ridurre gli sprechi alimentari. Infine, dedicare qualche momento della giornata a sorseggiare una tazza di tè verde può diventare un rituale di relax e introspezione.

Conclusione: un approccio consapevole all'alimentazione

La dieta dei samurai non era solo un modo per nutrire il corpo, ma una filosofia che univa cibo, salute e spirito. Anche se il nostro contesto è molto diverso, possiamo imparare dai loro insegnamenti per creare un rapporto più sano e consapevole con il cibo. Mangiare con moderazione, scegliere ingredienti di qualità e praticare gratitudine verso ciò che consumiamo sono principi universali che possono arricchire la nostra vita.

Per i lettori italiani, spesso già sensibili alla qualità e alla cultura del cibo, la dieta dei samurai rappresenta un'affascinante fusione di tradizione e modernità. È un invito a esplorare nuove abitudini alimentari, non solo per migliorare la salute, ma anche per vivere ogni pasto come un momento di connessione con sé stessi e con il mondo che ci circonda.

5.6 Natura e spiritualità: Connessione con l'ambiente

La relazione tra l'uomo e la natura è uno degli elementi più profondi e significativi della cultura giapponese, ed era particolarmente centrale nella vita dei samurai. Per questi guerrieri, la natura non era solo un contesto in cui vivere, ma una fonte di ispirazione, equilibrio e forza interiore. Questa connessione non si limitava a un'osservazione passiva, ma si esprimeva in una vera e propria armonia spirituale, che influenzava ogni aspetto della loro esistenza, dalle decisioni quotidiane al loro approccio alla vita e alla morte.

La natura come maestra e guida

I samurai consideravano la natura una maestra silenziosa ma eloquente, capace di insegnare lezioni preziose attraverso la sua bellezza e il suo ciclo eterno. Elementi naturali come il vento, l'acqua, le montagne e gli alberi erano spesso utilizzati come metafore per esprimere concetti spirituali e pratici. Ad esempio, il flusso dell'acqua era visto come un simbolo di adattabilità e resilienza, qualità fondamentali per un samurai, mentre la forza e la flessibilità del bambù rappresentavano l'equilibrio tra tenacia e adattamento.

Questa sensibilità verso la natura si rifletteva anche nelle loro pratiche quotidiane. I samurai trascorrevano tempo all'aperto per meditare, allenarsi o semplicemente osservare il paesaggio, consapevoli che la natura poteva offrire loro intuizioni profonde sulla vita. Questo legame non solo li aiutava a mantenere la calma e la concentrazione, ma rafforzava anche il loro senso di appartenenza a un universo più grande e interconnesso.

La spiritualità nell'armonia con l'ambiente

La spiritualità dei samurai era profondamente influenzata dal buddismo zen e dallo shintoismo, due tradizioni che mettono al centro la relazione tra l'uomo e l'ambiente. Lo shintoismo, la religione nativa del Giappone, insegna che ogni elemento naturale – una montagna, un fiume, un albero – è abitato da uno spirito divino, o *kami*. Questo credo incoraggiava i samurai a trattare la natura con rispetto e gratitudine, riconoscendola come un'entità vivente e sacra.

Il buddismo zen, d'altro canto, sottolineava l'importanza di vivere nel momento presente e di coltivare una mente chiara e consapevole. La natura, con la sua bellezza semplice e transitoria, era vista come un riflesso di queste qualità. Osservare un fiore che sboccia o ascoltare il suono del vento tra gli alberi diventava un esercizio spirituale, un modo per riconnettersi con la realtà e trovare equilibrio interiore.

Questa visione del mondo può offrire ispirazione anche a noi oggi. In un'epoca in cui l'ambiente è spesso considerato solo una risorsa da sfruttare, i samurai ci insegnano che la natura non è qualcosa da dominare, ma una realtà con cui convivere in armonia. Ritrovare questa connessione può aiutarci non solo a rispettare il nostro pianeta, ma anche a vivere una vita più consapevole e appagante.

Pratiche per coltivare la connessione con la natura

I samurai avevano una serie di pratiche che li aiutavano a mantenere vivo il loro legame con l'ambiente. Una di queste era la meditazione all'aperto, spesso eseguita in luoghi tranquilli come boschi, giardini o vicino a corsi d'acqua. Questa pratica li aiutava a trovare calma e chiarezza, immergendosi completamente nell'energia della natura.

Un'altra attività importante era l'arte della creazione di giardini, un'espressione tangibile della loro filosofia. I giardini giapponesi non erano semplicemente spazi decorativi, ma luoghi di riflessione progettati per rappresentare l'essenza della natura. Ogni elemento – pietre, acqua, piante – veniva disposto con attenzione, creando un microcosmo che invitava alla meditazione e alla contemplazione.

Anche noi possiamo integrare alcune di queste pratiche nella nostra vita. Passare del tempo all'aperto, magari facendo una passeggiata in un parco o dedicando qualche minuto all'osservazione del cielo, può aiutarci a ritrovare calma e centratura. Creare uno spazio verde nella nostra casa, anche solo con qualche pianta, può ricordarci quotidianamente l'importanza della natura nella nostra vita.

La bellezza della transitorietà: il concetto di wabi-sabi

Uno degli insegnamenti più affascinanti della cultura giapponese, caro anche ai samurai, è il concetto di *wabi-sabi*, che celebra la bellezza dell'imperfezione e della transitorietà. Questo principio si riflette nella natura, dove ogni cosa è in costante cambiamento: le foglie cadono, i fiori appassiscono, il sole sorge e tramonta. Per i samurai, riconoscere e accettare questa transitorietà non era motivo di tristezza, ma una fonte di saggezza e serenità.

Applicare il *wabi-sabi* nella nostra vita significa imparare a vedere la bellezza nelle piccole cose, anche se imperfette o fugaci. Un tramonto, un albero spoglio in inverno, la rugosità di una pietra: sono tutte manifestazioni di una bellezza semplice e autentica, che ci invita a rallentare e ad apprezzare il momento presente.

La natura come antidoto al caos moderno

Nel mondo frenetico e iperconnesso in cui viviamo, il contatto con la natura è diventato un lusso sempre più raro. Tuttavia, trascorrere del tempo in ambienti naturali non è solo un piacere, ma una necessità per il nostro benessere mentale e fisico. Numerosi studi hanno dimostrato che camminare in un bosco o semplicemente osservare un paesaggio naturale può ridurre lo stress, migliorare l'umore e aumentare la creatività.

Seguendo l'esempio dei samurai, possiamo ritagliarci momenti per immergerci nella natura, anche solo per pochi minuti al giorno. Che sia una passeggiata lungo il fiume, una corsa in un parco o una pausa per ammirare un fiore, ogni momento passato all'aperto ci aiuta a ricaricare le energie e a ritrovare un senso di equilibrio.

Conclusione: una lezione di rispetto e armonia

La relazione tra i samurai e la natura non era solo una questione pratica, ma una filosofia di vita che metteva al centro il rispetto e l'armonia. Anche noi, seguendo il loro esempio, possiamo riscoprire il potere rigenerante della natura e coltivare una connessione più profonda con l'ambiente che ci circonda.

Per i lettori italiani, spesso già sensibili alla bellezza del paesaggio e alla cultura del vivere in armonia con la natura, questo capitolo rappresenta un invito a ritrovare quella connessione perduta, a vedere la natura non come uno sfondo, ma come una parte integrante della nostra vita. In questo dialogo silenzioso con il mondo naturale, possiamo trovare non solo ispirazione, ma anche la forza e la serenità per affrontare le sfide della vita quotidiana.

6. Leadership e responsabilità

6.1 Leadership con integrità: Vivere veri valori

La leadership, nel suo senso più autentico, non è solo la capacità di guidare gli altri, ma un impegno a vivere secondo valori profondi e condivisi. Per i samurai, la leadership era una responsabilità sacra, radicata nel codice del Bushido. Essere leader significava essere un esempio vivente di integrità, coraggio e compassione, ispirando gli altri attraverso le proprie azioni piuttosto che con parole vuote. Questo concetto di leadership basata sull'integrità è più rilevante che mai nel mondo moderno, dove la fiducia e la coerenza sono spesso messe alla prova.

Che cos'è la leadership con integrità?

La leadership con integrità non riguarda solo il raggiungimento degli obiettivi o l'esercizio del potere, ma il modo in cui questi obiettivi vengono perseguiti. Un leader con integrità è qualcuno che vive e agisce in linea con i propri valori, anche quando ciò comporta difficoltà o sacrifici. Nel contesto del Bushido, questo significava agire con onore (*meiyo*), essere leali (*chūgi*) e avere il coraggio (*yūki*) di fare ciò che è giusto.

Nel mondo moderno, la leadership con integrità si manifesta in modi diversi. Può essere il manager che ammette un errore davanti al proprio team, dimostrando umiltà e responsabilità. Può essere il politico che rifiuta di scendere a compromessi etici per il proprio tornaconto. Oppure può essere il genitore che insegna ai propri figli il valore dell'onestà attraverso il proprio comportamento. In ogni caso, ciò che distingue un leader con integrità è la coerenza tra ciò che dice e ciò che fa.

L'integrità come base per la fiducia

La fiducia è il fondamento di ogni relazione, sia personale che professionale. Senza fiducia, la leadership diventa una facciata vuota, incapace di ispirare o motivare gli altri. I samurai comprendevano profondamente questo principio: un leader privo di integrità non poteva comandare il rispetto dei suoi uomini, né mantenere l'armonia all'interno del suo clan.

Oggi, la fiducia è altrettanto cruciale. In un mondo spesso segnato da scandali e delusioni, le persone cercano leader che siano autentici, affidabili e coerenti. La fiducia non si costruisce con proclami o promesse, ma con azioni quotidiane che dimostrano integrità e rispetto per gli altri. Ad esempio, un leader che ascolta attivamente il proprio team, che riconosce il contributo di ciascuno e che agisce in modo trasparente rafforza naturalmente la fiducia degli altri.

Il coraggio di fare ciò che è giusto

La leadership con integrità richiede coraggio, soprattutto nei momenti difficili. Per i samurai, il coraggio non era solo una questione di forza fisica, ma la capacità di agire secondo i propri principi, anche quando ciò comportava rischi o sacrifici personali. Questo tipo di coraggio è altrettanto essenziale nella leadership moderna.

Pensiamo, ad esempio, a un leader che deve prendere una decisione impopolare per il bene della comunità o dell'organizzazione. Potrebbe trattarsi di un imprenditore che sceglie di investire in pratiche sostenibili, anche se ciò comporta costi iniziali più elevati, o di un insegnante che difende un alunno vittima di ingiustizie. In questi casi, il coraggio non è solo una qualità personale, ma un atto di servizio verso gli altri.

L'importanza dell'umiltà nella leadership

Un altro aspetto fondamentale della leadership con integrità è l'umiltà. I samurai, nonostante la loro forza e abilità, erano profondamente consapevoli dei propri limiti e si impegnavano costantemente per migliorarsi. Questa umiltà non era un segno di debolezza, ma di forza interiore e saggezza.

Nella leadership moderna, l'umiltà si manifesta nella capacità di ascoltare, di riconoscere i propri errori e di valorizzare le opinioni degli altri. Un leader umile non cerca di imporre la propria visione, ma crea uno spazio in cui ogni voce può essere ascoltata. Questo non solo rafforza il senso di appartenenza e collaborazione, ma aiuta anche a trovare soluzioni più creative ed efficaci.

Essere un esempio: la leadership che ispira

La leadership con integrità non è qualcosa che si insegna a parole, ma qualcosa che si dimostra con le azioni. I samurai erano consapevoli che il loro comportamento aveva un impatto diretto sugli altri e cercavano di essere un esempio di rettitudine e coraggio. Questo principio è altrettanto valido oggi: un leader che vive secondo i propri valori ispira gli altri a fare lo stesso.

Ad esempio, un dirigente che lavora fianco a fianco con il proprio team durante un momento di crisi dimostra un impegno che va oltre il semplice esercizio del potere. Un genitore che affronta le difficoltà con dignità e perseveranza insegna ai propri figli il valore della resilienza. In ogni ambito, la leadership che ispira non si basa sull'autorità, ma sull'esempio.

Applicare la leadership con integrità nella vita quotidiana

Essere un leader con integrità non è riservato a chi ricopre posizioni di potere o prestigio. Ogni persona, nella propria sfera di influenza, può esercitare una leadership che ispira e guida. Che si tratti di guidare una famiglia, un gruppo di amici o un team al lavoro, vivere secondo i propri valori è il primo passo per diventare un leader autentico.

Questo significa fare scelte consapevoli, anche nelle piccole cose. Ad esempio, mantenere una promessa, trattare gli altri con rispetto o affrontare una difficoltà con coraggio sono tutti atti di leadership con integrità. Non si tratta di essere perfetti, ma di essere autentici e coerenti, giorno dopo giorno.

Conclusione: la leadership come servizio

La leadership con integrità non è una posizione da conquistare, ma un modo di vivere che mette al centro i valori e il servizio verso gli altri. Seguendo l'esempio dei samurai, possiamo imparare che essere leader non significa dominare, ma ispirare, non significa esercitare potere, ma responsabilità.

Per i lettori italiani, spesso attenti ai valori della comunità e della famiglia, questo approccio alla leadership rappresenta un invito a riflettere su come possiamo guidare con cuore e mente. È un promemoria che la vera leadership non si misura dal successo materiale, ma dall'impatto positivo che lasciamo nelle vite degli altri. Vivere con integrità non è solo una scelta etica, ma una via per costruire relazioni autentiche e durature, proprio come insegnavano i samurai.

6.2 Il Bushido e i principi di leadership moderna

Il Bushido, il codice etico e morale dei samurai, è un tesoro di insegnamenti che può ispirare la leadership moderna in modi profondi e significativi. Nato in un contesto storico e culturale lontano, il Bushido non si limita a un insieme di regole per i guerrieri, ma rappresenta una filosofia universale basata su valori come onore, lealtà, coraggio e compassione. Questi principi, se applicati nel mondo contemporaneo, possono trasformare il modo in cui esercitiamo la leadership, rendendola più autentica, empatica ed efficace.

Il valore dell'onore nella leadership moderna

Nel Bushido, l'onore (*meiyo*) era il cuore pulsante della vita di un samurai. Ogni azione, decisione e relazione doveva riflettere un senso profondo di rispetto per sé stessi e per gli altri. Questo principio, apparentemente radicato in un'epoca di duelli e battaglie, è incredibilmente rilevante anche oggi.

Un leader moderno che abbraccia l'onore agisce con integrità e trasparenza, costruendo fiducia attraverso comportamenti coerenti. Ad esempio, un dirigente d'azienda che si assume la responsabilità per gli errori del suo team, invece di scaricarla sugli altri, dimostra una leadership onorevole. Questo approccio non solo rafforza la credibilità del leader, ma crea anche un ambiente di lavoro basato sulla fiducia e sul rispetto reciproco.

Lealtà: costruire relazioni solide e durature

La lealtà (*chūgi*) era una virtù fondamentale per i samurai, che si impegnavano a servire il proprio signore e la propria comunità con dedizione assoluta. Nel contesto della leadership moderna, la lealtà non significa sottomissione cieca, ma un impegno sincero verso il proprio team, i propri valori e la missione condivisa.

Un esempio pratico di lealtà nella leadership contemporanea è un leader che sostiene il proprio team durante momenti difficili, offrendo supporto invece di puntare il dito. Questa qualità crea un senso di appartenenza e motivazione, incoraggiando tutti a dare il meglio di sé. La lealtà non è un obbligo, ma un valore che si guadagna attraverso azioni coerenti e autentiche.

Il coraggio di prendere decisioni difficili

Il coraggio (*yūki*) era un'altra pietra miliare del Bushido. Per i samurai, il coraggio non era solo una questione di forza fisica, ma la capacità di affrontare l'ignoto e di prendere decisioni difficili con determinazione. Questa qualità è altrettanto cruciale nella leadership moderna, dove le sfide complesse richiedono spesso scelte coraggiose.

Pensiamo, ad esempio, a un leader che decide di innovare in un settore tradizionale, sapendo che potrebbe incontrare resistenze e fallimenti iniziali. Oppure a un manager che si oppone a una decisione ingiusta all'interno dell'organizzazione, mettendo a rischio la propria posizione per fare ciò che è giusto. Il coraggio nella leadership moderna significa mettere gli interessi collettivi sopra a quelli personali, affrontando le sfide con visione e determinazione.

La compassione come strumento di connessione

Nel Bushido, la compassione (*jin*) era considerata una virtù necessaria per bilanciare la forza e il potere. Un samurai forte ma privo di compassione rischiava di diventare un tiranno. Allo stesso modo, nella leadership moderna, la compassione non è un segno di debolezza, ma una qualità che rafforza le relazioni e favorisce la collaborazione.

Un leader compassionevole ascolta attivamente le preoccupazioni del proprio team, cerca di capire le sfide personali e professionali che ciascuno affronta, e offre supporto concreto. Questa empatia non solo migliora il morale, ma crea anche un ambiente in cui le persone si sentono apprezzate e motivate. La compassione rende il leader più umano e accessibile, costruendo un legame autentico con il team.

Autodisciplina: il fondamento della credibilità

L'autodisciplina (*jisei*) era un principio fondamentale per i samurai, che dedicavano anni di allenamento rigoroso per affinare le proprie abilità e mantenere il controllo emotivo. Nella leadership moderna, l'autodisciplina si traduce nella capacità di rimanere concentrati sugli obiettivi, di gestire le emozioni in modo costruttivo e di dare l'esempio attraverso il proprio comportamento.

Un leader autodisciplinato è qualcuno che rispetta gli impegni presi, gestisce il proprio tempo con efficienza e rimane calmo sotto pressione. Questa stabilità non solo ispira fiducia, ma crea anche un senso di sicurezza all'interno del team. Quando il leader dimostra autodisciplina, incoraggia gli altri a fare lo stesso, promuovendo una cultura di responsabilità e professionalità.

Adattare il Bushido al contesto moderno

Anche se il Bushido è nato in un'epoca di spade e battaglie, i suoi principi possono essere adattati al mondo contemporaneo in modi sorprendenti. La leadership moderna non richiede di impugnare una katana, ma di affrontare le sfide quotidiane con lo stesso spirito di impegno e dedizione. Questo significa bilanciare forza e compassione, agire con integrità e incoraggiare il progresso collettivo.

Ad esempio, un imprenditore che crea un'azienda sostenibile, bilanciando profitto e responsabilità sociale, incarna i principi del Bushido. Allo stesso modo, un insegnante che ispira i propri studenti attraverso passione e dedizione dimostra come i valori dei samurai possano guidare una leadership significativa in qualsiasi ambito.

Conclusione: il Bushido come guida per una leadership autentica

Il Bushido offre un modello di leadership che va oltre il semplice esercizio del potere. I suoi principi ci ricordano che essere leader significa prima di tutto servire gli altri, vivere secondo valori autentici e ispirare attraverso l'esempio. Nel mondo moderno, dove la fiducia e l'etica sono spesso messe alla prova, questi insegnamenti rappresentano una bussola per chi aspira a guidare con integrità e umanità.

Per i lettori italiani, questa prospettiva offre un'opportunità unica di esplorare una filosofia antica che può arricchire la nostra comprensione della leadership. Che si tratti di guidare un'organizzazione, una famiglia o una comunità, i principi del Bushido ci invitano a riflettere su come possiamo esercitare la leadership con coraggio, empatia e un profondo rispetto per gli altri. È un invito a trasformare la leadership in un viaggio di crescita personale e collettiva, ispirato dalla saggezza senza tempo dei samurai.

6.3 L'equilibrio tra potere e compassione

L'equilibrio tra potere e compassione è uno dei temi più complessi e affascinanti nella leadership, sia storica che moderna. Nel codice del Bushido, questa armonia era considerata essenziale per il samurai, il quale doveva essere non solo un guerriero forte e determinato, ma anche una figura che agiva con empatia e umanità. Questa dualità, apparentemente contraddittoria, rappresenta un insegnamento fondamentale per chiunque si trovi in una posizione di responsabilità: il potere senza compassione diventa tirannia, mentre la compassione senza forza può essere percepita come debolezza.

Il potere come strumento di servizio

Nel Bushido, il potere non era mai visto come un fine, ma come uno strumento per servire gli altri. Un samurai non utilizzava la sua forza per imporre la propria volontà, ma per proteggere i più deboli, mantenere l'ordine e promuovere il bene comune. Questo principio può sembrare distante dal mondo contemporaneo, ma è sorprendentemente rilevante nella leadership moderna.

Un leader che utilizza il proprio potere con questa mentalità non cerca di dominare, ma di costruire. Ad esempio, un dirigente che prende decisioni strategiche non solo per aumentare i profitti dell'azienda, ma anche per garantire il benessere dei dipendenti e della comunità, incarna questo equilibrio tra forza e compassione. Questo tipo di leadership non solo ispira fiducia, ma crea un ambiente in cui le persone si sentono rispettate e motivate.

La compassione come forza motrice

La compassione (*jin*), una delle virtù fondamentali del Bushido, era vista come la qualità che umanizzava il potere del samurai. Essere compassionevoli non significava essere deboli, ma avere il coraggio di riconoscere le sofferenze degli altri e agire per alleviarle. Questa prospettiva è altrettanto valida oggi, dove la leadership basata sulla compassione è sempre più riconosciuta come una delle chiavi per il successo a lungo termine.

Un esempio concreto di compassione nella leadership moderna potrebbe essere un imprenditore che implementa politiche di lavoro flessibili per supportare i dipendenti con esigenze familiari. O un politico che ascolta le preoccupazioni delle comunità emarginate e lavora per creare leggi più eque. In entrambi i casi, la compassione non è solo un atto di gentilezza, ma una strategia che rafforza i legami tra leader e seguaci, promuovendo una collaborazione più autentica.

Il rischio dello squilibrio: potere senza compassione

Quando il potere viene esercitato senza compassione, il rischio è quello di creare divisioni, sfiducia e risentimento. Un leader che agisce solo per interesse personale o che ignora le esigenze degli altri può ottenere risultati nel breve termine, ma alla lunga perderà il rispetto e il sostegno delle persone. Questo tipo di leadership autoritaria è spesso associata a conflitti e insuccessi, sia nelle organizzazioni che nelle società.

Nel contesto storico, un samurai che abusava del suo potere veniva disprezzato, perché violava i principi fondamentali del Bushido. Nel mondo moderno, questa dinamica non è diversa: leader che operano senza empatia spesso si trovano isolati e incapaci di ispirare un cambiamento positivo. La compassione, quindi, non è solo una qualità morale, ma un elemento essenziale per il successo della leadership.

Il rischio opposto: compassione senza forza

Dall'altro lato, una leadership basata solo sulla compassione, senza una componente di forza e determinazione, può risultare inefficace. Un leader che evita decisioni difficili per paura di ferire i sentimenti altrui rischia di non affrontare problemi importanti, creando stagnazione e insoddisfazione. La vera compassione, infatti, include la capacità di prendere decisioni difficili quando necessario, sempre con l'intenzione di servire il bene comune.

Ad esempio, un manager che evita di affrontare un dipendente problematico per non creare conflitti potrebbe danneggiare l'intero team. Un leader compassionevole, invece, affronta la situazione con fermezza ma anche con rispetto, cercando una soluzione che sia equa per tutti. Questo equilibrio tra forza e gentilezza è ciò che distingue una leadership efficace da una leadership passiva.

L'equilibrio in azione: lezioni dal Bushido per oggi

Il Bushido ci offre preziose lezioni su come bilanciare potere e compassione nella leadership. Un esempio pratico di questo equilibrio potrebbe essere la gestione di una crisi. In una situazione di emergenza, un leader deve prendere decisioni rapide e determinanti, dimostrando forza e autorevolezza. Tuttavia, deve anche comunicare con empatia, riconoscendo l'impatto delle sue decisioni sulle persone coinvolte.

Pensiamo, ad esempio, a un sindaco che affronta una calamità naturale. Deve organizzare rapidamente i soccorsi, garantire la sicurezza pubblica e gestire le risorse, dimostrando un controllo fermo della situazione. Allo stesso tempo, deve ascoltare le preoccupazioni dei cittadini, mostrare comprensione per le loro sofferenze e offrire un messaggio di speranza. Questo approccio bilanciato non solo rafforza la fiducia nella leadership, ma aiuta anche la comunità a superare la crisi con maggiore resilienza.

Applicare l'equilibrio nella vita quotidiana

Non è necessario essere in una posizione di grande potere per applicare questo equilibrio nella vita quotidiana. Ogni interazione che abbiamo, sia al lavoro che nella vita personale, offre l'opportunità di esercitare una leadership basata sul

Bushido. Questo significa essere decisi quando necessario, ma anche empatici e rispettosi verso gli altri.

Ad esempio, affrontare un conflitto con un collega richiede forza per esprimere le proprie opinioni, ma anche compassione per capire il punto di vista dell'altro. Allo stesso modo, guidare una famiglia implica prendere decisioni difficili per il bene comune, mantenendo sempre un dialogo aperto e rispettoso.

Conclusione: una leadership che ispira e unisce

L'equilibrio tra potere e compassione è il cuore di una leadership efficace e autentica. Seguendo gli insegnamenti del Bushido, possiamo imparare a esercitare il potere con responsabilità e a coltivare la compassione come forza motrice. Questo approccio non solo ci rende leader migliori, ma contribuisce anche a creare relazioni più forti e comunità più unite.

Per i lettori italiani, spesso attenti alla dimensione umana della leadership, questa prospettiva offre un modello ispiratore che combina forza e gentilezza. È un invito a riflettere su come possiamo bilanciare queste due qualità nella nostra vita quotidiana, affrontando le sfide con il coraggio di un samurai e il cuore di un vero leader. In questo equilibrio, possiamo trovare non solo successo, ma anche un senso più profondo di connessione e significato.

6.4 L'importanza dell'esempio: I samurai come fonte d'ispirazione

La leadership, nella sua essenza più pura, non si impone attraverso il comando o l'autorità, ma si conquista attraverso l'esempio. I samurai, i leggendari guerrieri del Giappone feudale, incarnavano questo principio in ogni aspetto della loro vita. Per loro, l'esempio non era solo uno strumento di guida, ma un dovere morale radicato nel codice del Bushido. Essere un modello di integrità, coraggio e disciplina significava ispirare gli altri a vivere secondo valori elevati, creando una società basata sulla fiducia e sul rispetto reciproco. Questo approccio, sebbene nato secoli fa, offre lezioni preziose per il mondo moderno.

L'esempio come strumento di leadership

Nel Bushido, il comportamento del samurai era scrutinato non solo dai suoi pari, ma anche da chi lo seguiva e lo ammirava. Ogni azione, grande o piccola, aveva un significato, poiché rifletteva i suoi valori e la sua dedizione al servizio degli altri. I samurai sapevano che un leader non poteva chiedere agli altri ciò che non era disposto a fare lui stesso. Questa coerenza tra parole e azioni era ciò che conferiva loro autorevolezza e rispetto.

Anche nella leadership moderna, l'esempio è una delle forme più potenti di influenza. Pensiamo a un manager che affronta una crisi aziendale: se si mostra calmo, determinato e disposto a lavorare duramente al fianco del suo team, ispira fiducia e motivazione. Al contrario, un leader che predica valori che non pratica perde rapidamente credibilità e supporto. L'esempio non è solo una questione di immagine, ma una dimostrazione tangibile di integrità.

I samurai e il potere dell'azione silenziosa

I samurai credevano nel potere dell'azione silenziosa, quella capacità di dimostrare i propri valori attraverso i fatti piuttosto che le parole. Questa filosofia si rifletteva in ogni aspetto della loro vita, dalla disciplina nel quotidiano alla compostezza in battaglia. Per loro, l'essenza del vero leader non stava nel parlare di grandi ideali, ma nel viverli ogni giorno.

Un esempio concreto di questa filosofia nel contesto moderno potrebbe essere un insegnante che, invece di limitarsi a dare lezioni teoriche, dimostra attraverso il proprio comportamento l'importanza della curiosità, della pazienza e dell'impegno. Gli studenti, vedendo questi valori in azione, sono più inclini a seguirli e a integrarli nella propria vita. In ogni ambito, che si tratti di lavoro, famiglia o comunità, l'esempio silenzioso è spesso più eloquente di mille parole.

L'ispirazione attraverso la resilienza

Uno degli aspetti più ammirati dei samurai era la loro resilienza di fronte alle difficoltà. In momenti di crisi, non si lasciavano sopraffare dalla paura o dal dubbio, ma affrontavano le sfide con determinazione e calma. Questo atteggiamento non solo li aiutava a superare le avversità, ma ispirava anche coloro che li circondavano a fare lo stesso.

Nel mondo moderno, un leader che dimostra resilienza – che si tratti di un genitore che affronta con forza le difficoltà familiari o di un imprenditore che risolleva un'azienda in crisi – diventa un esempio vivente di speranza e possibilità. La resilienza non è solo una qualità personale, ma una forza che si irradia agli altri, incoraggiandoli a credere che anche le sfide più grandi possono essere superate.

L'importanza della disciplina come esempio di coerenza

La disciplina era una virtù fondamentale per i samurai, che si impegnavano quotidianamente a migliorare le proprie abilità e a mantenere una mente chiara. Questa dedizione costante alla crescita personale era un esempio per gli altri, dimostrando che il successo non è il risultato di un talento innato, ma di un impegno incessante.

Questo principio è altrettanto rilevante oggi. Un leader disciplinato, che rispetta gli impegni presi e si dedica con costanza ai propri obiettivi, ispira fiducia e ammirazione. Ad esempio, un atleta che si allena duramente giorno dopo giorno per raggiungere un traguardo non solo dimostra disciplina, ma diventa un modello per chiunque voglia perseguire i propri sogni con la stessa determinazione. La disciplina non è solo un atto personale, ma un messaggio potente per chi osserva.

L'empatia come esempio di umanità

Sebbene i samurai fossero noti per la loro forza e abilità, non mancava in loro una profonda umanità. La compassione (*jin*), uno dei pilastri del Bushido, li spingeva a prendersi cura degli altri e a mettere i bisogni della comunità al di sopra dei propri. Questo equilibrio tra forza e gentilezza era un esempio potente, che ispirava le persone a vedere la leadership non come dominio, ma come servizio.

Nel mondo contemporaneo, un leader che dimostra empatia – ascoltando le preoccupazioni degli altri, offrendo supporto nei momenti difficili e valorizzando il contributo di ogni individuo – crea un ambiente di fiducia e rispetto reciproco. L'empatia, lungi dall'essere una debolezza, è uno dei tratti più potenti di un vero leader, perché tocca il cuore delle persone e le motiva a dare il meglio di sé.

L'eredità dei samurai nella leadership moderna

I samurai ci insegnano che l'esempio è più di un semplice comportamento: è un impegno costante a vivere secondo i propri valori, anche quando è difficile. Nel mondo moderno, dove la coerenza e l'integrità sono spesso messe alla prova, seguire questo principio può trasformare la leadership in una forza autentica e ispiratrice.

Per i lettori italiani, questa eredità rappresenta un invito a riflettere su come possiamo diventare esempi positivi nella nostra vita quotidiana. Che si tratti di guidare una famiglia, un team o una comunità, ogni azione conta. Vivere con integrità, resilienza, disciplina ed empatia non solo ci rende leader migliori, ma contribuisce anche a creare un mondo più giusto e armonioso. I samurai, con la loro dedizione al servizio e al miglioramento personale, ci ricordano che il vero potere della leadership non sta nel comando, ma nell'ispirazione.

6.5 Assumersi responsabilità nei momenti difficili

La vera leadership non si misura nei momenti di calma, ma nei periodi di difficoltà. Quando le situazioni diventano complesse e le sfide sembrano insormontabili, la capacità di assumersi responsabilità diventa il tratto distintivo di un grande leader. Questo principio, profondamente radicato nel Bushido, ci insegna che la responsabilità non è solo un dovere, ma un atto di coraggio e integrità. Per i samurai, assumersi responsabilità significava affrontare le conseguenze delle proprie azioni, proteggere gli altri e agire sempre in linea con i propri valori, anche nei momenti più critici.

Il significato della responsabilità nel Bushido

Nel codice del Bushido, la responsabilità era strettamente legata all'onore (*meiyo*). Un samurai non poteva sfuggire alle conseguenze delle proprie scelte o azioni; riconoscere i propri errori e affrontarli con dignità era considerato un segno di forza, non di debolezza. Questo senso di responsabilità andava oltre il singolo individuo: il samurai si sentiva responsabile per il benessere del proprio clan, della propria famiglia e della comunità.

Oggi, questa lezione è più attuale che mai. In un mondo in cui spesso si cerca di evitare le colpe o di scaricare le responsabilità sugli altri, il Bushido ci ricorda l'importanza di accettare il nostro ruolo nei momenti difficili. Assumersi responsabilità significa riconoscere i propri limiti, affrontare le conseguenze delle proprie azioni e lavorare per rimediare agli errori.

Affrontare le difficoltà con coraggio e calma

I momenti difficili mettono alla prova non solo la nostra forza, ma anche la nostra capacità di mantenere la calma e di prendere decisioni ponderate. Per i samurai, il coraggio (*yūki*) non era solo la capacità di affrontare il pericolo, ma anche di rimanere lucidi e concentrati sotto pressione. Questa qualità, combinata con una mente calma e disciplinata, era ciò che permetteva loro di guidare gli altri in situazioni critiche.

Nel contesto moderno, questo significa affrontare le crisi senza panico, ma con una chiara visione delle priorità. Ad esempio, un leader che si assume la responsabilità di una decisione difficile – come gestire un fallimento aziendale o rispondere a una crisi umanitaria – dimostra coraggio non solo nell'azione, ma anche nell'accettare le conseguenze. Questa capacità di guidare con calma ispira fiducia e offre un esempio positivo per gli altri.

Riconoscere gli errori come parte della responsabilità

Un aspetto fondamentale dell'assumersi responsabilità è la capacità di riconoscere i propri errori. Nel Bushido, ammettere un errore non era considerato un segno di debolezza, ma un atto di onestà e coraggio. Questo principio si applica anche alla leadership moderna: nessuno è infallibile, e riconoscere i propri sbagli è il primo passo per correggerli.

Ad esempio, un manager che ammette apertamente un errore di giudizio non solo dimostra integrità, ma crea anche un clima di fiducia all'interno del team. Questo approccio non solo rafforza la credibilità del leader, ma incoraggia anche gli altri a essere onesti e responsabili nelle loro azioni. La capacità di dire "ho sbagliato, ma sto lavorando per rimediare" è uno degli aspetti più potenti della leadership responsabile.

Proteggere e supportare gli altri nei momenti di crisi

Assumersi responsabilità nei momenti difficili non significa solo affrontare le proprie sfide, ma anche essere presenti per gli altri. I samurai vedevano la leadership come un servizio: il loro potere non era un privilegio, ma un dovere verso chi li circondava. Nei momenti di crisi, un samurai metteva da parte i propri interessi personali per proteggere e supportare la comunità.

Questo principio è altrettanto rilevante oggi. Un leader responsabile non cerca di salvare la propria reputazione a scapito degli altri, ma si impegna a garantire il benessere del proprio team o della propria comunità. Ad esempio, durante una crisi aziendale, un dirigente che protegge i posti di lavoro o fornisce supporto emotivo ai dipendenti dimostra una leadership che va oltre l'interesse personale. Questo tipo di responsabilità crea un senso di solidarietà e rafforza i legami all'interno del gruppo.

La resilienza come risultato della responsabilità

Assumersi responsabilità nei momenti difficili non è solo un dovere, ma anche un modo per costruire resilienza. Ogni sfida affrontata con coraggio e integrità rafforza la nostra capacità di gestire situazioni future con maggiore fiducia e determinazione. I samurai, attraverso il loro costante impegno a migliorarsi e ad affrontare le difficoltà, erano un esempio vivente di questa resilienza.

Nella leadership moderna, la resilienza si costruisce attraverso l'esperienza e l'apprendimento. Affrontare le difficoltà senza cercare scorciatoie, accettare i propri errori e lavorare per superarli non solo migliora le competenze personali, ma crea anche un modello positivo per gli altri. Questa resilienza diventa una fonte di ispirazione, dimostrando che le sfide non sono ostacoli insormontabili, ma opportunità di crescita.

Conclusione: una leadership che ispira fiducia

Assumersi responsabilità nei momenti difficili è il segno distintivo di una leadership autentica e rispettata. Seguendo gli insegnamenti del Bushido, possiamo imparare a vedere la responsabilità non come un peso, ma come un'opportunità per dimostrare integrità, coraggio e compassione. Nei periodi di crisi, il leader che si assume le proprie responsabilità non solo guida gli altri con forza, ma ispira fiducia e rispetto.

Per i lettori italiani, questo principio rappresenta un invito a riflettere sul significato della responsabilità nella propria vita. Che si tratti di gestire una famiglia, un'azienda o una comunità, assumersi responsabilità è un atto di servizio verso gli altri e un modo per rafforzare il proprio carattere. Nei momenti difficili, la vera forza non sta nell'evitare le sfide, ma nell'affrontarle con il cuore e la mente di un samurai. È in questo equilibrio tra coraggio e umiltà che troviamo il significato più profondo della leadership.

6.6 Promuovere autenticità nell'ambiente lavorativo

In un mondo professionale spesso dominato da formalità, competizione e una crescente pressione per conformarsi, l'autenticità emerge come un valore cruciale per creare un ambiente lavorativo sano e produttivo. Essere autentici significa avere il coraggio di essere sé stessi, esprimere i propri valori e creare uno spazio in cui gli altri possano fare altrettanto. Questa qualità, radicata nella tradizione del Bushido, non solo favorisce il benessere individuale, ma promuove anche la collaborazione e la fiducia all'interno di un team. Nell'era moderna, dove molte persone cercano un senso più profondo nel proprio lavoro, l'autenticità è una chiave per trasformare l'ambiente lavorativo in un luogo di crescita e realizzazione.

Che cos'è l'autenticità nell'ambiente lavorativo?

L'autenticità non si limita a "essere sé stessi" in modo casuale o disorganizzato, ma implica vivere e lavorare in linea con i propri valori e principi. Nel contesto lavorativo, questo significa essere onesti nelle comunicazioni, rispettare le diversità e creare uno spazio in cui ogni individuo possa esprimersi liberamente. È un approccio che richiede coraggio, integrità e una profonda comprensione di sé stessi e degli altri.

Nel codice del Bushido, l'autenticità era una virtù implicita, radicata nella sincerità (*makoto*). Per i samurai, essere autentici significava vivere senza maschere, agendo sempre con onestà e trasparenza. Questo principio, se applicato nel mondo moderno, può trasformare le dinamiche lavorative, promuovendo relazioni più genuine e una maggiore coesione all'interno dei team.

Il valore dell'autenticità per i leader

Per un leader, promuovere l'autenticità significa essere il primo a dare l'esempio. Un leader autentico non cerca di nascondere le proprie vulnerabilità o di presentare un'immagine perfetta, ma dimostra umanità, coerenza e rispetto per gli altri. Questo non solo crea fiducia, ma incoraggia anche i membri del team a sentirsi a loro agio nel mostrare la propria autenticità.

Ad esempio, un dirigente che ammette di non avere tutte le risposte in una situazione complessa non perde autorità; al contrario, guadagna il rispetto dei suoi colleghi, dimostrando umiltà e apertura. Questo tipo di leadership autentica crea un ambiente in cui le persone si sentono libere di esprimere idee, fare domande e contribuire in modo significativo, senza paura di essere giudicate.

Creare uno spazio sicuro per l'autenticità

Un ambiente lavorativo autentico non si crea da solo; richiede uno sforzo consapevole per costruire una cultura in cui le persone si sentano sicure di essere sé stesse. Questo implica non solo tollerare, ma valorizzare le differenze individuali, che si tratti di prospettive, esperienze o stili di lavoro.

Ad esempio, un'organizzazione che promuove l'inclusione e il rispetto per le diversità culturali dimostra che ogni voce conta, indipendentemente dall'età, dal genere o dall'origine etnica. Questo approccio non solo migliora il morale, ma arricchisce anche l'azienda, favorendo una maggiore creatività e innovazione.

Creare uno spazio sicuro significa anche accettare gli errori come parte del processo di crescita. Quando le persone si sentono libere di sbagliare senza paura di ritorsioni, sono più propense a sperimentare, imparare e contribuire con nuove idee. Questo clima di apertura e supporto è fondamentale per promuovere l'autenticità e il progresso.

I benefici dell'autenticità per il team

L'autenticità non solo migliora il benessere individuale, ma ha un impatto positivo su tutto il team. Quando le persone si sentono autorizzate a essere autentiche, sono più motivate, coinvolte e soddisfatte del proprio lavoro. Questo, a sua volta, favorisce una collaborazione più efficace e una maggiore produttività.

Ad esempio, in un team dove tutti si sentono ascoltati e rispettati, la comunicazione diventa più fluida e le soluzioni ai problemi emergono in modo più naturale. Inoltre, l'autenticità favorisce relazioni più forti, poiché le persone si connettono su un livello più profondo e genuino. Questo senso di appartenenza e connessione è particolarmente importante in tempi di crisi o cambiamento, quando la coesione del team diventa essenziale.

Superare le barriere all'autenticità

Nonostante i suoi numerosi vantaggi, l'autenticità può essere difficile da raggiungere in alcuni ambienti lavorativi. Paure come il giudizio, la competizione o la pressione per conformarsi possono spingere le persone a nascondere i propri veri sentimenti e opinioni. Superare queste barriere richiede un cambiamento culturale guidato da leader che valorizzino e incoraggiano l'autenticità.

Ad esempio, un leader può promuovere l'autenticità dando il buon esempio, mostrando vulnerabilità e incoraggiando conversazioni aperte. Inoltre, politiche aziendali che supportano la diversità e l'inclusione possono contribuire a creare un ambiente più accogliente e autentico. La chiave è riconoscere che l'autenticità non è un rischio, ma un'opportunità per costruire un'organizzazione più forte e resiliente.

Autenticità e cultura giapponese: lezioni per il mondo moderno

La cultura giapponese, con la sua enfasi sull'armonia e il rispetto, offre preziose lezioni su come integrare l'autenticità nel mondo lavorativo. Sebbene possa sembrare che l'idea di armonia richieda conformità, in realtà si basa su un equilibrio tra l'individuo e il collettivo. I samurai, ad esempio, cercavano di esprimere la propria autenticità senza compromettere l'unità del gruppo, dimostrando che essere autentici non significa necessariamente andare contro gli altri, ma trovare modi per contribuire al benessere comune.

Questo principio può essere applicato anche in Italia, dove i valori della comunità e delle relazioni personali sono particolarmente importanti. Promuovere l'autenticità nel lavoro significa riconoscere il valore di ogni individuo, incoraggiandolo a portare la propria unicità al servizio del gruppo. È un approccio che non solo rispetta le radici culturali italiane, ma le arricchisce con una prospettiva globale.

Conclusione: costruire un ambiente autentico per il futuro

Promuovere autenticità nell'ambiente lavorativo non è solo una scelta etica, ma una strategia vincente per creare organizzazioni più resilienti, innovative e soddisfacenti. Seguendo l'esempio dei samurai, possiamo imparare che l'autenticità non è un lusso, ma una necessità per costruire relazioni autentiche e raggiungere il successo a lungo termine.

Per i lettori italiani, questa prospettiva rappresenta un invito a riflettere su come possiamo portare maggiore autenticità nelle nostre vite professionali. Che si tratti di guidare un team, collaborare con colleghi o semplicemente affrontare le sfide quotidiane, l'autenticità ci permette di vivere e lavorare con maggiore significato e soddisfazione. In un mondo che spesso ci spinge a indossare maschere, avere il coraggio di essere autentici è una delle forme più potenti di leadership.

7. Cultura giapponese e saggezza senza tempo

7.1 La bellezza della semplicità: Wabi-Sabi e Bushido

La cultura giapponese è profondamente radicata in una filosofia che celebra la semplicità, l'imperfezione e la transitorietà. Questi principi trovano la loro massima espressione nel concetto di *wabi-sabi*, un'estetica che invita a vedere la bellezza nelle cose imperfette, incompiute e temporanee. Sebbene possa sembrare un'idea lontana dalla disciplina e dalla forza del Bushido, i due concetti si intrecciano in modo armonioso, offrendo una prospettiva unica sulla vita e sulla leadership. Per i samurai, *wabi-sabi* non era solo un ideale estetico, ma una filosofia che permeava il loro modo di vivere e di affrontare le sfide.

Che cos'è il Wabi-Sabi?

Wabi-sabi è difficile da tradurre con precisione in italiano, ma può essere inteso come un apprezzamento per la bellezza che emerge dall'imperfezione e dalla semplicità. Deriva da due termini: *wabi*, che originariamente indicava la solitudine e la quiete della vita rurale, e *sabi*, che si riferisce alla bellezza che si sviluppa con il tempo, come la patina di una vecchia ciotola o le foglie cadute in autunno. Insieme, *wabi-sabi* rappresenta una visione del mondo che abbraccia l'impermanenza e l'autenticità.

Nel contesto della vita quotidiana, *wabi-sabi* ci invita a vedere il valore nelle cose che spesso trascuriamo o consideriamo difetti. Una crepa in una tazza di ceramica non la rende meno preziosa; al contrario, racconta una storia, aggiunge carattere e profondità. Questo approccio può essere applicato non solo agli oggetti, ma anche alla vita stessa, incoraggiandoci a trovare bellezza nelle imperfezioni e ad accettare il cambiamento come parte naturale dell'esistenza.

Il Wabi-Sabi e il Bushido: un legame profondo

Per i samurai, il Bushido era una guida per vivere con onore, disciplina e lealtà. Tuttavia, la loro esistenza non era priva di difficoltà o incertezze. È qui che il *wabi-sabi* entrava in gioco, offrendo loro un modo per accettare l'impermanenza e trovare equilibrio anche nei momenti più difficili. I samurai sapevano che la vita era fragile e fugace, come un fiore di ciliegio che sboccia solo per pochi giorni. Questo riconoscimento non li scoraggiava, ma li motivava a vivere con maggiore intensità e consapevolezza.

Ad esempio, i samurai praticavano il *seppuku* (suicidio rituale) come un atto di onore in circostanze estreme. Questo gesto, per quanto drammatico, era intriso di *wabi-sabi*: un'accettazione della fine come parte naturale del ciclo della vita, un atto di bellezza e dignità anche nella morte. Questo legame tra *wabi-sabi* e

Bushido ci insegna che l'accettazione dell'impermanenza può essere una fonte di forza e saggezza.

La bellezza della semplicità nella vita quotidiana

Uno degli aspetti più affascinanti del *wabi-sabi* è la sua enfasi sulla semplicità. In un'epoca moderna spesso dominata dal consumismo e dalla ricerca della perfezione, questa filosofia ci invita a rallentare e ad apprezzare le cose semplici. I samurai, nonostante la loro vita fosse spesso caratterizzata da addestramenti intensi e responsabilità pesanti, trovavano momenti di quiete e riflessione in attività come la cerimonia del tè, la meditazione zen o la creazione di giardini.

La cerimonia del tè, in particolare, è un esempio perfetto di *wabi-sabi* in azione. Ogni dettaglio, dalla disposizione degli utensili alla preparazione del tè, è intriso di semplicità e armonia. Le tazze utilizzate non sono mai perfette: possono avere una forma irregolare o una smaltatura incompleta, ma proprio queste caratteristiche le rendono uniche e preziose. Questo rituale ci ricorda che la vera bellezza non risiede nella perfezione, ma nella connessione autentica con il momento presente.

Applicare il Wabi-Sabi nella vita moderna

Il *wabi-sabi* non è solo un concetto estetico, ma una filosofia che possiamo integrare nella nostra vita quotidiana. Ad esempio, possiamo applicarlo al modo in cui arrediamo la nostra casa, scegliendo oggetti che abbiano un significato personale piuttosto che inseguire le ultime tendenze. Possiamo anche applicarlo al nostro atteggiamento verso noi stessi e gli altri, accettando le imperfezioni come parte della nostra unicità.

Nel contesto lavorativo, il *wabi-sabi* ci invita a concentrarci sul processo piuttosto che sul risultato, trovando soddisfazione nei piccoli progressi e imparando dai nostri errori. Questa mentalità può anche aiutare a ridurre lo stress, incoraggiandoci a lasciare andare il perfezionismo e a trovare equilibrio tra ambizione e accettazione.

Un ponte tra Giappone e Italia

Sebbene il *wabi-sabi* abbia origine nella cultura giapponese, il suo spirito trova risonanza anche in Italia. La bellezza dell'imperfezione si riflette, ad esempio, nell'arte della ceramica artigianale, dove ogni pezzo è unico e porta con sé le tracce del lavoro manuale. Allo stesso modo, l'apprezzamento per la semplicità si manifesta nella cucina italiana, dove ingredienti freschi e preparazioni essenziali creano piatti che celebrano la naturalezza e l'autenticità.

Questa connessione tra Giappone e Italia dimostra che i principi del *wabi-sabi* possono arricchire qualsiasi cultura, offrendoci una prospettiva più equilibrata e consapevole sulla vita.

Conclusione: un invito alla semplicità e alla consapevolezza

Il *wabi-sabi* e il Bushido ci insegnano che la bellezza non risiede nella perfezione, ma nell'autenticità, nella semplicità e nell'accettazione dell'impermanenza. Questi principi, sebbene nati in un contesto storico e culturale diverso, possono offrirci strumenti preziosi per navigare le complessità della vita moderna.

Per i lettori italiani, il *wabi-sabi* rappresenta un invito a rallentare, ad apprezzare le imperfezioni e a vivere con maggiore consapevolezza. Che si tratti di godere di un momento di quiete, di accettare un errore o di trovare bellezza in un oggetto antico, questa filosofia ci ricorda che la semplicità non è una mancanza, ma una ricchezza. Seguendo l'esempio dei samurai, possiamo imparare a vivere con grazia, equilibrio e un profondo rispetto per la bellezza della vita così com'è.

7.2 La cerimonia del tè e il Bushido: Concentrazione nel rituale

La cerimonia del tè, o *chanoyu*, è una delle espressioni più profonde e significative della cultura giapponese. Ben oltre il semplice atto di preparare e servire il tè, questa tradizione rappresenta un momento di connessione, riflessione e armonia. Per i samurai, il *chanoyu* era più di un'esperienza estetica: era un rituale che incarnava i principi fondamentali del Bushido, come disciplina, rispetto, concentrazione e umiltà. In un contesto moderno, la cerimonia del tè offre lezioni preziose su come trovare equilibrio e serenità in un mondo frenetico.

Origini e significato della cerimonia del tè

La cerimonia del tè ha radici profonde nella cultura giapponese, influenzata dal buddismo zen e sviluppata nel XVI secolo grazie a figure come Sen no Rikyū, uno dei più grandi maestri di quest'arte. Al centro del *chanoyu* c'è l'idea di *wabi-sabi*, che celebra la bellezza della semplicità e dell'imperfezione. Ogni elemento della cerimonia, dalle tazze in ceramica alle decorazioni minimaliste della stanza, è progettato per evocare un senso di calma e introspezione.

Per i samurai, che vivevano una vita spesso segnata dalla violenza e dalla disciplina militare, la cerimonia del tè rappresentava una pausa dalle tensioni quotidiane. Era un momento per riconnettersi con sé stessi e con gli altri, un'opportunità per praticare la concentrazione e la mindfulness. Ogni gesto, ogni movimento era intriso di significato, trasformando un semplice atto quotidiano in un'esperienza spirituale.

La connessione tra il Bushido e il chanoyu

La cerimonia del tè riflette molti dei principi centrali del Bushido. Uno di questi è la disciplina (*jisei*), che si manifesta nella precisione e nell'attenzione ai dettagli richieste per eseguire il rituale. Ogni fase della cerimonia, dal riscaldamento dell'acqua alla pulizia degli strumenti, deve essere svolta con calma e concentrazione, senza fretta o distrazioni. Questo livello di impegno richiede non solo abilità tecnica, ma anche un profondo rispetto per il processo.

Il rispetto (*rei*), un altro pilastro del Bushido, è evidente in ogni aspetto della cerimonia. Il maestro del tè tratta gli ospiti, gli strumenti e persino l'ambiente circostante con la massima cura e attenzione. Questo rispetto non è formale o superficiale, ma radicato in un senso di gratitudine per il momento presente. Per i samurai, praticare il *chanoyu* era un modo per coltivare questa qualità e applicarla poi nella loro vita quotidiana, sia in battaglia che nelle relazioni personali.

Concentrazione e presenza mentale

Uno degli aspetti più potenti della cerimonia del tè è la sua enfasi sulla concentrazione e sulla presenza mentale. Ogni gesto, per quanto piccolo, richiede un'attenzione totale, escludendo qualsiasi pensiero distratto o preoccupazione. Questo stato di consapevolezza, noto come *zanshin* nel Bushido, era fondamentale per i samurai, che dovevano mantenere la mente lucida e pronta in ogni situazione.

Nel contesto moderno, la cerimonia del tè può essere vista come una forma di meditazione in movimento, un antidoto alla frenesia della vita quotidiana. Prendersi del tempo per concentrarsi su un'attività semplice e significativa, come preparare una tazza di tè, può aiutare a ritrovare calma e chiarezza mentale. È un promemoria che anche nelle azioni più ordinarie possiamo trovare un senso di pace e appagamento.

La semplicità come espressione di bellezza

Un altro elemento chiave della cerimonia del tè è la sua celebrazione della semplicità. La stanza del tè, o *chashitsu*, è un ambiente volutamente spartano, progettato per eliminare ogni distrazione e favorire l'introspezione. Gli utensili utilizzati – tazze, bollitori, mestoli – sono spesso realizzati a mano e imperfetti, riflettendo l'estetica del *wabi-sabi*. Questa enfasi sulla semplicità non è solo estetica, ma ha anche un significato simbolico: ci invita a lasciare andare il superfluo e a concentrarci sull'essenziale.

Per i samurai, questa semplicità era in linea con il loro stile di vita disciplinato e austero. Riconoscere la bellezza nelle cose semplici li aiutava a mantenere un senso di umiltà e gratitudine, anche nei momenti di difficoltà. Questo approccio può ispirare anche noi oggi, ricordandoci che non è necessario cercare la perfezione o il lusso per trovare gioia e significato nella vita.

Un rituale senza tempo per il mondo moderno

Sebbene la cerimonia del tè abbia avuto origine in un contesto storico specifico, i suoi insegnamenti sono universali e senza tempo. In un mondo sempre più dominato dalla velocità e dalla tecnologia, il *chanoyu* ci invita a rallentare e a riconnetterci con il momento presente. Non è necessario padroneggiare l'arte tradizionale per trarne beneficio; anche il semplice atto di preparare una tazza di tè con consapevolezza può trasformarsi in un momento di riflessione e serenità.

Ad esempio, dedicare qualche minuto alla preparazione di una bevanda calda, scegliendo con cura gli ingredienti e osservando ogni fase del processo, può aiutarci a ritrovare un senso di equilibrio. È un modo per integrare nella nostra routine quotidiana i principi del Bushido e del *wabi-sabi*, trasformando un gesto ordinario in un atto significativo.

Conclusione: il tè come via per l'armonia

La cerimonia del tè e il Bushido condividono un obiettivo comune: trovare armonia dentro e fuori di sé. Attraverso il *chanoyu*, i samurai coltivavano qualità come la concentrazione, il rispetto e la gratitudine, che poi applicavano nella loro vita quotidiana. Anche oggi, questa tradizione può insegnarci a vivere con maggiore consapevolezza e autenticità.

Per i lettori italiani, la cerimonia del tè rappresenta un ponte tra cultura e filosofia, un'opportunità per esplorare un modo diverso di vedere la vita. Che si tratti di seguire il rituale tradizionale o di trovare momenti di calma nella propria routine, il messaggio è lo stesso: ogni momento può essere un'occasione per coltivare equilibrio, bellezza e connessione. Seguendo l'esempio dei samurai, possiamo imparare a trasformare anche i gesti più semplici in un atto di armonia e saggezza.

7.3 Ikebana e Zen: L'arte come espressione della forza interiore

L'**ikebana**, l'arte giapponese della disposizione dei fiori, è molto più di una semplice pratica decorativa. È una forma di meditazione, una disciplina spirituale e un'espressione della forza interiore. Radicata nella filosofia Zen, l'ikebana incarna l'equilibrio tra uomo e natura, invitandoci a trovare bellezza nell'essenzialità e armonia nelle imperfezioni. Questa antica tradizione, che ha accompagnato la vita dei samurai e continua a ispirare milioni di persone, offre una profonda connessione con il presente e un'opportunità per esplorare il potenziale creativo e spirituale che risiede dentro di noi.

Origini e filosofia dell'ikebana

L'ikebana, letteralmente "fiori viventi", ha origine nel VI secolo, quando i monaci buddisti iniziarono a offrire composizioni floreali agli altari. Da quel momento, l'arte si è evoluta, diventando una disciplina strutturata e ricca di significato. Tuttavia, il cuore dell'ikebana è rimasto invariato: è un modo per connettersi con la natura, riflettere sulla transitorietà della vita e celebrare l'armonia dell'universo.

Influenzata profondamente dal buddismo Zen, l'ikebana enfatizza la semplicità, l'impermanenza e l'equilibrio. Ogni composizione racconta una storia, rappresentando non solo la bellezza visibile, ma anche il vuoto, lo spazio e il movimento. Questa combinazione di elementi visibili e invisibili riflette la visione Zen del mondo, in cui ogni cosa è interconnessa e in costante trasformazione.

Il legame tra ikebana e Bushido

Per i samurai, l'ikebana non era solo un passatempo artistico, ma un modo per coltivare qualità essenziali come la concentrazione, la disciplina e la sensibilità. Nonostante la loro immagine di guerrieri forti e risoluti, i samurai dedicavano tempo a pratiche artistiche come l'ikebana per bilanciare la loro vita. Questa attività li aiutava a sviluppare una profonda consapevolezza di sé stessi e del mondo naturale, fornendo loro forza interiore e chiarezza mentale.

L'atto di disporre i fiori richiedeva precisione e pazienza, qualità che erano fondamentali anche in battaglia. Inoltre, l'ikebana insegnava ai samurai a vedere oltre la superficie, a percepire la bellezza nascosta nelle cose semplici e a rispettare l'armonia dell'universo. Questi insegnamenti erano perfettamente in linea con il Bushido, il codice d'onore che guidava la loro vita.

L'arte come meditazione e forza interiore

Uno degli aspetti più affascinanti dell'ikebana è il suo ruolo come pratica meditativa. Durante la creazione di una composizione, l'artista deve concentrarsi completamente sul momento presente, lasciando andare ogni distrazione o preoccupazione. Questo stato di consapevolezza, noto come *zanshin* nella filosofia samurai, aiuta a sviluppare la calma interiore e la chiarezza mentale.

Nel mondo moderno, dove spesso siamo sopraffatti dalla velocità e dalle richieste quotidiane, l'ikebana offre un'opportunità unica per rallentare e riconnettersi con sé stessi. Attraverso il semplice atto di scegliere un fiore, osservare la sua forma e posizionarlo con cura, possiamo coltivare una presenza mentale profonda e rafforzare la nostra resilienza emotiva.

L'estetica dell'ikebana: semplicità ed equilibrio

L'estetica dell'ikebana si basa su principi che riflettono la filosofia Zen. Uno di questi è il concetto di *wabi-sabi*, che celebra la bellezza nell'imperfezione e nella transitorietà. Una composizione di ikebana non cerca di impressionare con abbondanza o complessità, ma di evocare emozioni attraverso l'essenzialità e l'equilibrio.

Ad esempio, una disposizione potrebbe includere solo tre elementi: un ramo, un fiore e un contenitore. Tuttavia, l'interazione tra questi elementi racconta una storia complessa, fatta di movimento, contrasto e armonia. Questo minimalismo non è una limitazione, ma un invito a vedere oltre l'apparenza, a percepire la bellezza nascosta nel vuoto e nella semplicità.

L'ikebana ci insegna anche l'importanza dell'equilibrio tra gli opposti. Ogni composizione deve bilanciare altezza e profondità, luce e ombra, spazio positivo e negativo. Questo equilibrio riflette l'armonia dell'universo e ci ricorda che la forza interiore deriva dalla capacità di trovare stabilità in mezzo al cambiamento.

Applicare i principi dell'ikebana nella vita quotidiana

Sebbene non tutti possano dedicarsi all'ikebana come pratica regolare, i suoi principi possono essere applicati in molti aspetti della vita quotidiana. Ad esempio, possiamo imparare a vedere la bellezza nelle cose semplici e imperfette, come un fiore selvatico o un oggetto artigianale. Possiamo anche cercare di creare equilibrio nel nostro ambiente, eliminando il superfluo e dando valore a ciò che è essenziale.

Inoltre, l'ikebana ci incoraggia a rallentare e a vivere con maggiore consapevolezza. Prendere qualche minuto al giorno per osservare la natura, sistemare un angolo della casa o semplicemente respirare profondamente può aiutarci a coltivare la calma interiore e a trovare un senso di connessione con il mondo.

Un ponte tra Giappone e Italia

L'arte dell'ikebana, con il suo apprezzamento per la natura e la semplicità, trova un'affinità con molte tradizioni italiane. Pensiamo, ad esempio, alla cura e alla passione che gli artigiani italiani dedicano alla creazione di oggetti unici, o alla bellezza essenziale dei paesaggi rurali italiani. Come l'ikebana, queste tradizioni ci ricordano che la vera forza non risiede nell'opulenza, ma nell'autenticità e nell'armonia.

Questo legame tra Giappone e Italia dimostra che, nonostante le differenze culturali, i valori universali come la bellezza, l'equilibrio e la connessione con la natura possono ispirarci ovunque ci troviamo.

Conclusione: un viaggio verso l'armonia interiore

L'ikebana e lo Zen ci invitano a esplorare la bellezza della natura e a scoprire la forza che risiede dentro di noi. Attraverso questa pratica, possiamo imparare a vivere con maggiore equilibrio, a valorizzare l'essenziale e a trovare pace nel momento presente. Per i lettori italiani, l'ikebana rappresenta non solo un'arte, ma un modo di vedere il mondo e di vivere con consapevolezza.

Seguendo l'esempio dei samurai, possiamo integrare i principi dell'ikebana nella nostra vita, trasformando anche i gesti più semplici in atti di meditazione e creatività. In un mondo che spesso ci spinge a correre, l'ikebana ci invita a fermarci, a respirare e a vedere la bellezza che ci circonda. È un viaggio verso l'armonia interiore, guidato dalla saggezza senza tempo del Giappone.

7.4 Il significato del kimono: Abbigliamento e simbolismo

Il **kimono**, l'abito tradizionale giapponese, è molto più di un semplice capo di vestiario. È un simbolo culturale ricco di significati, un'opera d'arte tessile e una rappresentazione della filosofia e dei valori giapponesi. Ogni dettaglio, dalla scelta dei colori ai motivi decorativi, racconta una storia e riflette una profonda connessione con la natura, le stagioni e il contesto sociale. Per i samurai, il kimono non era solo un abito, ma un simbolo di identità e status, che rappresentava i principi del Bushido anche nell'aspetto esteriore.

Origini e evoluzione del kimono

Il termine *kimono* significa letteralmente "cosa da indossare" e ha radici che risalgono al periodo Heian (794-1185), quando gli abiti erano progettati per combinare funzionalità ed estetica. Nel corso dei secoli, il kimono si è evoluto, diventando un elemento centrale della cultura giapponese. Durante il periodo Edo (1603-1868), il kimono divenne un mezzo per esprimere lo status sociale e la personalità, con disegni e tessuti che variavano in base al rango e al contesto.

Per i samurai, il kimono era un abito cerimoniale e funzionale. Sotto l'armatura, indossavano un semplice *juban* (indumento interno), mentre in occasioni ufficiali o durante le cerimonie formali, indossavano kimono riccamente decorati che esprimevano il loro rango e il loro clan di appartenenza. Questo abito non era scelto casualmente: ogni elemento del design aveva un significato specifico, che comunicava il ruolo e i valori del guerriero.

Il kimono come espressione di armonia e natura

Uno degli aspetti più affascinanti del kimono è la sua capacità di riflettere la connessione con la natura, un elemento centrale della cultura giapponese. I motivi decorativi spesso rappresentano fiori, animali o elementi naturali come l'acqua o le montagne, scelti per evocare il ciclo delle stagioni o celebrare un particolare momento dell'anno.

Ad esempio, un kimono indossato in primavera potrebbe presentare disegni di fiori di ciliegio, simbolo della bellezza effimera e dell'impermanenza, mentre un kimono autunnale potrebbe raffigurare foglie d'acero dai toni accesi. Questi dettagli non sono solo decorativi, ma esprimono un rispetto profondo per la natura e un invito a vivere in armonia con il mondo circostante.

Questa sensibilità verso l'ambiente era particolarmente importante per i samurai, che trovavano ispirazione e forza nella natura. Indossare un kimono con motivi che richiamavano il loro territorio o le stagioni significava anche portare con sé un senso di appartenenza e connessione con la propria terra.

Il simbolismo dei colori e dei motivi

Nel kimono, ogni colore e ogni motivo ha un significato simbolico che comunica qualcosa di specifico. Ad esempio, il rosso simboleggia la vitalità e la felicità, ed era spesso utilizzato nei kimono indossati durante matrimoni o celebrazioni. Il bianco, invece, rappresenta la purezza, ma anche il lutto, ed era scelto in occasioni solenni o funebri.

I motivi ricamati o dipinti sul tessuto erano altrettanto significativi. Il motivo della gru, ad esempio, rappresenta longevità e fortuna, mentre il pino simboleggia forza e resilienza. Questi simboli non erano scelti a caso, ma riflettevano desideri, aspirazioni o messaggi che chi indossava il kimono voleva comunicare.

Per i samurai, questi dettagli erano un'estensione del loro codice etico. Un guerriero poteva indossare un kimono con motivi di bambù, che rappresenta flessibilità e resistenza, o con disegni di onde, che simboleggiano forza e movimento. Ogni scelta era un modo per affermare i propri valori e ricordare il legame con il Bushido.

Il ruolo del kimono nelle cerimonie e nella vita quotidiana

Sebbene oggi il kimono sia indossato principalmente durante cerimonie e occasioni speciali, in passato era parte integrante della vita quotidiana. Per i samurai, il kimono aveva un ruolo formale in eventi come matrimoni, incontri ufficiali o cerimonie del tè. Indossarlo richiedeva una certa disciplina e attenzione ai dettagli, poiché ogni piega e nodo aveva un significato.

Anche il modo in cui il kimono veniva indossato rifletteva l'etichetta e il rispetto. Ad esempio, la parte sinistra del kimono veniva sempre sovrapposta alla destra, un'usanza che simboleggia il rispetto per la tradizione. L'attenzione al modo in cui l'abito era indossato era una forma di mindfulness, che incoraggiava chi lo indossava a vivere con consapevolezza e grazia.

Il kimono come ponte tra passato e presente

Oggi, il kimono continua a rappresentare un legame con la cultura giapponese e i suoi valori tradizionali. Nonostante sia meno comune nella vita quotidiana, il kimono rimane un simbolo di eleganza, artigianato e identità culturale. Ogni pezzo è unico, realizzato con una cura e un'attenzione che riflettono l'importanza di preservare le tradizioni.

Per chi osserva il kimono da fuori, come i lettori italiani, questo abito rappresenta un invito a esplorare una cultura che valorizza non solo l'aspetto estetico, ma anche il significato profondo dietro ogni dettaglio. È un promemoria che il modo in cui ci vestiamo può essere un'espressione dei nostri valori, delle nostre radici e del nostro rispetto per ciò che ci circonda.

Conclusione: il kimono come simbolo di identità e bellezza senza tempo

Il kimono non è solo un abito, ma una manifestazione tangibile della filosofia e dei valori giapponesi. Attraverso la sua bellezza, i suoi simboli e il suo significato, ci invita a riflettere su temi universali come l'armonia con la natura, il rispetto per le tradizioni e l'importanza di vivere con consapevolezza. Per i samurai, indossare il kimono era un atto che univa estetica e spirito, un modo per incarnare i principi del Bushido anche nell'apparenza.

Per i lettori italiani, il kimono rappresenta un ponte tra culture, un esempio di come l'abbigliamento possa essere più di un elemento funzionale, diventando un mezzo per raccontare storie e preservare valori. È un invito a esplorare non solo la cultura giapponese, ma anche a riflettere sul significato che attribuiamo a ciò che indossiamo e a come ci presentiamo al mondo. In ogni piega e filo del kimono, possiamo trovare un pezzo di storia, di arte e di saggezza senza tempo.

7.5 I samurai e la spada: Il legame tra uomo e strumento

La spada, o *katana*, è forse l'elemento più iconico e simbolico della figura del samurai. Non era soltanto un'arma, ma un'estensione dell'anima del guerriero, un simbolo di disciplina, lealtà e forza interiore. Per i samurai, il legame con la spada era profondo e spirituale, rappresentando non solo il loro potere fisico, ma anche la loro connessione con il Bushido, il codice etico che guidava ogni aspetto della loro vita. Comprendere questo rapporto significa andare oltre l'immagine del guerriero combattente, per esplorare i valori che rendevano la spada un oggetto sacro.

La katana: un capolavoro di arte e funzionalità

La katana non era una semplice arma da guerra, ma un capolavoro di artigianato e tecnologia. Forgiata con una combinazione unica di acciaio duro e morbido, era progettata per unire flessibilità e resistenza, permettendo al samurai di affrontare le battaglie con efficienza e precisione. La sua caratteristica curva, ottenuta attraverso un processo di forgiatura meticoloso, garantiva un taglio perfetto e rapido, ma anche un'estetica che incarnava la bellezza funzionale.

Ogni katana era unica, realizzata su misura per il guerriero che l'avrebbe utilizzata. I maestri fabbri, noti come *tosho*, dedicavano mesi alla creazione di una singola spada, infondendo in essa non solo abilità tecnica, ma anche un profondo rispetto per il suo scopo e significato. La cura con cui veniva forgiata rifletteva l'importanza della spada nella vita del samurai: non era un oggetto comune, ma un'estensione del suo spirito.

Il significato simbolico della spada

Nel Bushido, la spada era considerata l'anima del samurai. Questo legame non era solo metaforico, ma si esprimeva attraverso rituali e pratiche che ne sottolineavano il valore. Ad esempio, la cerimonia di consegna della spada era un momento solenne, durante il quale un giovane samurai riceveva la sua prima katana come segno di maturità e responsabilità. Questo gesto non solo simboleggiava l'ingresso nella vita adulta, ma sanciva anche l'impegno a vivere secondo i principi del Bushido.

La spada rappresentava anche la lealtà e la protezione. Un samurai portava sempre con sé la sua katana, pronto a difendere il proprio signore, la propria famiglia e la propria comunità. Questo atto di portare la spada non era solo una necessità pratica, ma un segno visibile del suo impegno verso gli altri. Anche in tempi di pace, la spada era un promemoria costante del suo ruolo e delle sue responsabilità.

Il legame spirituale tra uomo e spada

Per i samurai, la spada non era solo uno strumento fisico, ma un simbolo di autocontrollo e disciplina interiore. Il Bushido insegnava che la vera forza non risiedeva nella spada, ma nella mente e nel cuore del guerriero che la brandiva. Questo significava che un samurai doveva padroneggiare sé stesso prima di poter padroneggiare la sua arma.

La pratica del *kenjutsu* (l'arte della spada) non era solo un addestramento fisico, ma una forma di meditazione in movimento. Ogni colpo, ogni movimento richiedeva concentrazione totale, precisione e consapevolezza del momento presente. Questo stato di attenzione, noto come *zanshin*, era fondamentale per mantenere il controllo, sia sul campo di battaglia che nella vita quotidiana. Attraverso la pratica della spada, i samurai sviluppavano una forza interiore che andava ben oltre le loro abilità tecniche.

L'eredità della spada nella cultura giapponese

Anche dopo la fine dell'era dei samurai, la spada ha mantenuto il suo significato simbolico nella cultura giapponese. Oggi, la katana è un simbolo di identità culturale e un'opera d'arte apprezzata in tutto il mondo. Molte spade antiche sono conservate come tesori nazionali, testimonianze di un'epoca in cui l'equilibrio tra bellezza e funzionalità era un valore centrale.

Inoltre, la filosofia legata alla spada continua a influenzare la vita moderna. I principi del Bushido, come l'autodisciplina, l'onore e la consapevolezza, sono ancora insegnati nelle arti marziali tradizionali come il kendo, che utilizza spade di bambù per trasmettere gli stessi valori che un tempo guidavano i samurai. Questa continuità dimostra che, anche in un mondo tecnologico e frenetico, l'eredità della spada e dei suoi insegnamenti rimane rilevante.

Un legame tra Giappone e Italia

L'ammirazione per la katana e la sua storia non è limitata al Giappone. In Italia, dove l'artigianato e l'arte hanno una lunga tradizione, è facile comprendere il valore e la bellezza di un oggetto come la spada giapponese. Come le opere dei maestri fabbri italiani, che creavano armature e spade con attenzione ai dettagli e all'estetica, anche la katana rappresenta l'equilibrio perfetto tra funzionalità e bellezza.

Questa affinità culturale rende la storia della katana particolarmente affascinante per i lettori italiani, offrendo un'opportunità per esplorare un aspetto della cultura giapponese che combina arte, filosofia e pratica quotidiana.

Conclusione: la spada come simbolo di equilibrio e saggezza

Il legame tra i samurai e la spada va oltre l'aspetto fisico, rappresentando un equilibrio tra forza esteriore e disciplina interiore. La katana non era solo un'arma, ma un simbolo dei valori che guidavano i samurai nella loro vita: onore, lealtà, rispetto e consapevolezza. Per i lettori italiani, questa storia offre una finestra su una filosofia che valorizza l'armonia tra uomo e strumento, tra mente e corpo, tra azione e riflessione.

La spada, con la sua bellezza senza tempo e il suo significato profondo, ci invita a riflettere su come possiamo integrare questi principi nella nostra vita quotidiana. Che si tratti di affrontare una sfida, di sviluppare disciplina o di trovare equilibrio nelle nostre azioni, l'eredità dei samurai e della loro spada ci offre una guida preziosa e ispiratrice.

7.6 Feste e rituali giapponesi: Tradizioni nel Giappone moderno

Le feste e i rituali giapponesi sono molto più di semplici celebrazioni: rappresentano un legame vivo con il passato, un modo per onorare gli antenati e celebrare la natura, le stagioni e le relazioni umane. Questi eventi, intrisi di simbolismo e spiritualità, riflettono l'anima del Giappone, unendo tradizione e modernità. Anche nel frenetico mondo contemporaneo, le festività giapponesi continuano a essere momenti di riflessione e gioia, in cui il tempo sembra rallentare per permettere alle persone di riconnettersi con i valori fondamentali della loro cultura.

Il significato delle stagioni nelle festività giapponesi

Uno degli aspetti distintivi delle feste giapponesi è il loro profondo legame con le stagioni. Ogni evento è strettamente connesso al ciclo naturale, celebrando i cambiamenti del paesaggio e le influenze che essi hanno sulla vita quotidiana. Ad esempio, la fioritura dei ciliegi (*sakura*) in primavera è celebrata durante l'*hanami*, un momento in cui famiglie e amici si riuniscono sotto gli alberi in fiore per condividere cibo, bevande e storie. Questo rito non è solo un'osservazione estetica, ma un'occasione per riflettere sulla bellezza effimera della vita.

In autunno, il *momijigari* – l'ammirazione delle foglie d'acero che cambiano colore – offre una simile opportunità di contemplazione. Questi eventi stagionali non sono solo un piacere per gli occhi, ma rappresentano una connessione spirituale con la natura, un tema ricorrente nella cultura giapponese. Anche in un Giappone modernizzato, queste tradizioni continuano a essere celebrate con entusiasmo, dimostrando quanto sia forte il legame tra la popolazione e il mondo naturale.

Feste tradizionali e il loro significato culturale

Tra le festività più importanti c'è il Capodanno giapponese, o *Shōgatsu*, una celebrazione che segna un nuovo inizio e invita alla riflessione. Durante questa festa, le famiglie si riuniscono, visitano i templi per pregare per la fortuna e la prosperità e consumano piatti tradizionali come il *osechi ryōri*, una serie di pietanze preparate con cura, ognuna con un significato simbolico. Ad esempio, il *kuro-mame* (fagioli neri) rappresenta la salute, mentre il *datemaki* (rotoli dolci di omelette) simboleggia il successo accademico.

Un'altra celebrazione significativa è il *Tanabata*, o Festa delle Stelle, che si tiene in estate. Basata su una leggenda romantica di due amanti stellari, Orihime e Hikoboshi, separati dalla Via Lattea, questa festa invita le persone a scrivere i propri desideri su strisce di carta colorate (*tanzaku*) e appenderle ai rami di bambù. Questa tradizione non solo celebra il romanticismo e la speranza, ma crea anche un senso di comunità, poiché le persone si riuniscono per condividere sogni e aspirazioni.

I rituali religiosi e la loro influenza nella vita quotidiana

Molte festività giapponesi hanno radici nei rituali shintoisti o buddisti, che continuano a svolgere un ruolo importante nella vita moderna. Il *Matsuri*, un termine generico per indicare le feste tradizionali, è spesso associato ai santuari shintoisti e coinvolge processioni, danze e offerte per onorare le divinità locali (*kami*). Questi eventi non solo celebrano la spiritualità, ma rafforzano anche il senso di appartenenza e comunità.

Ad esempio, il famoso *Gion Matsuri* a Kyoto è una delle feste più antiche e spettacolari del Giappone, caratterizzata da elaborate processioni di carri (*yamahoko*) decorati con tessuti e ornamenti preziosi. Questo evento, che risale a oltre mille anni fa, non è solo una celebrazione religiosa, ma anche un'occasione per la città di mostrare la sua storia e il suo artigianato.

Anche il *Bon Odori*, un festival buddista che si tiene in estate per onorare gli spiriti degli antenati, è profondamente radicato nella spiritualità giapponese. Durante questa celebrazione, le persone accendono lanterne per guidare gli spiriti e ballano in cerchio per esprimere gratitudine e rispetto. Questi rituali, sebbene antichi, continuano a essere praticati con devozione, dimostrando quanto sia importante per i giapponesi mantenere un legame con le loro radici spirituali.

L'equilibrio tra tradizione e modernità

Una delle caratteristiche più affascinanti delle feste giapponesi è la loro capacità di adattarsi ai tempi moderni senza perdere il loro significato originale. Ad esempio, durante il Natale, che non ha radici religiose profonde in Giappone, le famiglie si scambiano regali e cenano insieme, integrando elementi di una festa occidentale nella loro cultura. Allo stesso tempo, eventi tradizionali come il *Setsubun*, che segna l'inizio della primavera, continuano a essere celebrati con rituali come il lancio di fagioli per scacciare gli spiriti maligni e portare fortuna.

Questo equilibrio tra innovazione e tradizione è una testimonianza della resilienza culturale del Giappone, che riesce a preservare le sue usanze mentre abbraccia il cambiamento. Anche le giovani generazioni, che vivono in un mondo sempre più globalizzato, partecipano a queste celebrazioni con entusiasmo, dimostrando che le tradizioni possono essere un ponte tra passato e futuro.

Un invito per i lettori italiani

Per i lettori italiani, esplorare le feste e i rituali giapponesi può essere un modo per scoprire una cultura che valorizza profondamente il senso di comunità, la connessione con la natura e la spiritualità. Questi eventi, pur essendo unici al Giappone, condividono temi universali che risuonano anche nella cultura italiana, come l'importanza della famiglia, della celebrazione delle stagioni e del rispetto per le tradizioni.

Ad esempio, l'attenzione ai dettagli e il rispetto per il tempo e il luogo, che caratterizzano le feste giapponesi, ricordano le tradizioni italiane legate al cibo e alla convivialità. Entrambe le culture condividono un profondo amore per la bellezza, che si manifesta non solo nelle celebrazioni, ma anche nel modo in cui esse sono vissute e tramandate.

Conclusione: il valore delle tradizioni nel mondo moderno

Le feste e i rituali giapponesi non sono solo eventi del passato, ma una parte viva e vibrante della società contemporanea. Offrono un'opportunità per riflettere sui valori che ci uniscono, per celebrare le stagioni e per rafforzare i legami con gli altri e con il mondo naturale. Per i giapponesi, queste tradizioni non sono solo un modo per onorare il passato, ma anche una guida per vivere con maggiore consapevolezza nel presente.

Per i lettori italiani, immergersi in queste tradizioni può essere un'occasione per arricchire la propria prospettiva e trovare ispirazione in una cultura che ha saputo preservare la sua identità pur abbracciando il cambiamento. Che si tratti di ammirare i fiori di ciliegio, di partecipare a una processione o semplicemente di riflettere sul significato di una stagione, le feste giapponesi ci invitano a vivere ogni momento con gratitudine e rispetto, celebrando la bellezza e la ricchezza della vita.

8. Conclusione: Il cammino del samurai moderno

8.1 Iniziare il proprio viaggio nel Bushido

Intraprendere il cammino del Bushido non significa abbandonare la propria vita moderna per adottare un'esistenza da guerriero medievale, né implica impugnare una spada o vivere sotto un rigido codice di guerra. Al contrario, significa integrare nella quotidianità i valori senza tempo che i samurai hanno incarnato: onore, disciplina, compassione, lealtà e resilienza. È un viaggio interiore che chiunque può intraprendere, indipendentemente dalla cultura di appartenenza, perché questi principi non conoscono confini temporali o geografici.

Una chiamata all'autenticità

Il primo passo per iniziare il proprio viaggio nel Bushido è riconoscere il desiderio di vivere una vita autentica, guidata da valori solidi. In un mondo moderno spesso caratterizzato da superficialità e distrazioni, il Bushido ci offre un'ancora per restare fedeli a ciò che davvero conta. Per molti, questo potrebbe significare identificare i propri principi fondamentali e chiedersi: quali valori voglio incarnare? Quale eredità voglio lasciare?

Per i samurai, l'autenticità era un aspetto essenziale della loro identità. Vivere coerentemente con i propri valori non era solo un dovere personale, ma un modo per ispirare gli altri e contribuire al benessere della comunità. Questo principio è altrettanto rilevante oggi: un leader che agisce con integrità o un individuo che si impegna ad aiutare gli altri non solo migliora la propria vita, ma anche quella di chi lo circonda.

Applicare l'onore e la disciplina alla vita quotidiana

Un altro passo importante è integrare onore e disciplina nelle azioni di ogni giorno. L'onore (*meiyo*), per i samurai, non era solo una questione di prestigio, ma una guida morale che li spingeva a comportarsi sempre in modo corretto, anche quando nessuno osservava. Questo concetto può essere applicato nelle scelte quotidiane, dalla gestione delle relazioni personali alla dedizione nel lavoro.

La disciplina (*jisei*), invece, rappresenta la capacità di mantenere la concentrazione e perseguire gli obiettivi con costanza. Iniziare il proprio viaggio nel Bushido potrebbe significare stabilire routine che riflettano le proprie priorità, come dedicare del tempo alla crescita personale, alla salute o alla riflessione. Ad esempio, anche semplici abitudini come iniziare la giornata con un momento di meditazione o fissare obiettivi realistici possono diventare strumenti per rafforzare la propria autodisciplina.

Coltivare la resilienza attraverso le sfide
Il Bushido insegna che le difficoltà non sono ostacoli da temere, ma opportunità per crescere. I samurai affrontavano ogni sfida con coraggio (*yūki*) e determinazione, vedendola come un modo per rafforzare la propria resilienza. Questo approccio è particolarmente utile nel mondo moderno, dove le incertezze e i cambiamenti possono spesso sembrare schiaccianti.

Iniziare il proprio viaggio nel Bushido significa anche cambiare prospettiva sulle sfide. Anziché considerarle come fallimenti, possiamo vederle come lezioni che ci avvicinano ai nostri obiettivi. Ad esempio, affrontare una difficoltà lavorativa o personale con una mentalità orientata alla crescita può trasformare l'ostacolo in un'opportunità per sviluppare nuove competenze o rafforzare i legami con chi ci sta intorno.

Integrare la compassione nella vita moderna
Il Bushido non si limita alla forza o alla disciplina: al centro di questo codice c'è anche la compassione (*jin*), la capacità di prendersi cura degli altri e di agire per il bene comune. Per i samurai, aiutare i più deboli o proteggere la comunità non era solo un obbligo, ma un privilegio.

Nella società moderna, questo principio può essere applicato in molti modi, dalla gentilezza nelle interazioni quotidiane al volontariato. Anche piccoli gesti, come ascoltare con attenzione un amico o offrire supporto a un collega in difficoltà, possono avere un impatto significativo. La compassione, secondo il Bushido, non è solo un atto di altruismo, ma una fonte di forza che arricchisce sia chi la pratica che chi la riceve.

Trovare ispirazione nella cultura giapponese
Per chi si avvicina al Bushido da una prospettiva esterna, esplorare la cultura giapponese può essere una fonte di ispirazione. Le tradizioni come l'ikebana, la cerimonia del tè e la meditazione Zen offrono strumenti pratici per coltivare la consapevolezza e l'equilibrio interiore. Anche semplici rituali, come dedicare del tempo alla contemplazione della natura o praticare un'arte marziale, possono aiutare a interiorizzare i principi del Bushido.

Per i lettori italiani, il viaggio nel Bushido potrebbe significare trovare un equilibrio tra le proprie radici culturali e l'apprendimento di nuovi approcci. Ad esempio, la valorizzazione delle relazioni familiari e del senso di comunità, già profondamente radicati nella cultura italiana, si allinea perfettamente con gli ideali del Bushido. Integrare queste tradizioni con nuove pratiche può arricchire la propria vita e ampliare la propria prospettiva.

Un percorso personale e universale
Intraprendere il cammino del Bushido non è un viaggio che richiede di seguire regole rigide o di raggiungere una perfezione irraggiungibile. È un percorso

personale che invita ciascuno a riflettere sui propri valori, a coltivare la propria forza interiore e a vivere con integrità e rispetto per gli altri. È un invito a rallentare, a riconnettersi con ciò che è essenziale e a trovare significato nelle piccole azioni quotidiane.

Per i samurai, il Bushido era una guida per affrontare la vita con coraggio e dignità. Per noi, può essere una fonte di ispirazione per vivere con maggiore consapevolezza e intenzione. Non importa quale sia il punto di partenza o quali siano le sfide lungo il cammino: ciò che conta è il desiderio di crescere, di imparare e di contribuire positivamente al mondo che ci circonda.

Conclusione: il primo passo verso il Bushido

Il viaggio nel Bushido inizia con una scelta: scegliere di vivere una vita guidata dai valori, di affrontare le sfide con coraggio e di trattare gli altri con rispetto e compassione. Per i lettori italiani, questa prospettiva offre un'opportunità unica per esplorare un modo di vivere che combina forza e sensibilità, disciplina e umanità. È un cammino che non richiede perfezione, ma impegno, e che promette di arricchire la vita in modi profondi e duraturi.

8.2 Passi pratici per applicare la filosofia dei samurai

Applicare la filosofia dei samurai nella vita moderna potrebbe sembrare, a prima vista, un'impresa complessa. Tuttavia, il Bushido, con i suoi principi senza tempo, offre una guida che può essere facilmente adattata alle sfide e alle opportunità del nostro quotidiano. I valori come l'onore, la disciplina, la compassione e la resilienza non richiedono un contesto bellico o medievale per essere vissuti. Sono strumenti pratici per affrontare la vita con maggiore equilibrio, consapevolezza e autenticità. Per i lettori italiani, abituati a una cultura ricca di tradizioni e valori familiari, integrare la filosofia dei samurai può essere un'esperienza arricchente e trasformativa.

Iniziare dalla consapevolezza

Il primo passo per applicare la filosofia dei samurai è sviluppare una maggiore consapevolezza di sé stessi e delle proprie azioni. Nel Bushido, ogni gesto aveva un significato, e vivere in modo consapevole era essenziale per mantenere la disciplina e l'integrità. In pratica, ciò significa prestare attenzione ai dettagli della propria vita quotidiana, dalla qualità delle relazioni interpersonali al modo in cui si affrontano le responsabilità.

Ad esempio, iniziare la giornata con un momento di riflessione o meditazione può aiutare a chiarire le proprie intenzioni e a focalizzarsi sugli obiettivi. Questo non solo migliora la produttività, ma aiuta anche a vivere con maggiore equilibrio. Nel contesto italiano, dove il valore del tempo condiviso e delle relazioni è centrale, questa pratica può essere particolarmente utile per coltivare una vita più autentica e appagante.

Integrare l'onore nelle decisioni quotidiane

L'onore (*meiyo*) era il pilastro centrale del Bushido e guidava ogni scelta e azione dei samurai. Applicare questo principio nella vita moderna significa agire con integrità e rispettare i propri valori, anche quando le circostanze rendono difficile farlo. Ad esempio, mantenere una promessa, anche quando risulta scomodo, è un modo per vivere con onore.

Nelle decisioni quotidiane, l'onore può essere una guida per affrontare le sfide etiche. Nel lavoro, ciò potrebbe significare trattare colleghi e collaboratori con rispetto, anche in situazioni di conflitto. Nella vita personale, implica essere sinceri con sé stessi e con gli altri, evitando compromessi che potrebbero tradire i propri principi. Questo approccio non solo rafforza il proprio carattere, ma costruisce anche relazioni più solide e autentiche.

Praticare la disciplina come strumento di crescita

La disciplina (*jisei*) non era solo un'abilità per i samurai, ma un modo di vivere. Per loro, padroneggiare il corpo e la mente era essenziale per affrontare le sfide con calma e determinazione. Anche oggi, la disciplina è una qualità fondamentale per raggiungere il successo in qualsiasi ambito.

In pratica, applicare la disciplina significa stabilire obiettivi chiari e impegnarsi a raggiungerli con costanza. Ad esempio, dedicare un tempo specifico ogni giorno all'apprendimento di una nuova competenza o al miglioramento della propria salute fisica può avere un impatto significativo nel lungo termine. In Italia, dove l'arte e la maestria artigianale sono celebrate, la disciplina è già parte della cultura, e coltivarla ulteriormente può portare a risultati straordinari.

Coltivare la compassione nelle relazioni

La compassione (*jin*) era un valore fondamentale per i samurai, che si impegnavano a proteggere i più deboli e a servire la comunità. Nel mondo moderno, questo principio può essere applicato attraverso piccoli gesti di gentilezza e supporto verso gli altri. La compassione non solo rafforza i legami sociali, ma contribuisce anche a creare un ambiente più armonioso e positivo.

Ad esempio, dedicare del tempo ad ascoltare un amico in difficoltà o offrire il proprio aiuto a chi ne ha bisogno sono modi semplici ma potenti per praticare la compassione. Anche nel contesto professionale, mostrare empatia verso colleghi o clienti può migliorare significativamente la qualità delle relazioni e dei risultati. In una cultura come quella italiana, che valorizza la famiglia e la solidarietà, la compassione è un principio che può essere facilmente integrato nella vita di tutti i giorni.

Affrontare le difficoltà con coraggio e resilienza

Il coraggio (*yūki*) non si riferisce solo all'atto di affrontare un pericolo fisico, ma anche alla capacità di superare le paure e le insicurezze interiori. I samurai sapevano che il vero coraggio consisteva nel rimanere fedeli ai propri principi, anche nelle situazioni più difficili. Nella vita moderna, questo può significare affrontare un cambiamento importante, una decisione difficile o una sfida imprevista con determinazione e fiducia.

Per costruire resilienza, è importante sviluppare una mentalità orientata alla crescita. Anziché vedere i fallimenti come ostacoli, possiamo considerarli opportunità per imparare e migliorare. Ad esempio, affrontare un problema sul lavoro o un conflitto personale con una prospettiva positiva può trasformare una situazione difficile in una lezione preziosa. Questo approccio non solo rafforza il carattere, ma aiuta anche a mantenere un atteggiamento equilibrato e ottimista.

Trovare equilibrio tra tradizione e modernità

Uno degli aspetti più affascinanti del Bushido è la sua capacità di essere applicato in un contesto moderno senza perdere il suo significato originario. I valori dei samurai non richiedono di rinunciare alla tecnologia o alle comodità della vita contemporanea, ma ci invitano a usarle in modo consapevole e responsabile. Questo equilibrio è particolarmente importante in un'epoca in cui le distrazioni digitali possono facilmente allontanarci dai nostri obiettivi e valori.

Ad esempio, stabilire momenti di disconnessione dalla tecnologia per concentrarsi sulle relazioni o sulla crescita personale può essere un modo per integrare il Bushido nella vita moderna. Allo stesso tempo, utilizzare strumenti digitali per apprendere, connettersi e migliorarsi dimostra che tradizione e innovazione possono coesistere armoniosamente.

Conclusione: piccoli passi per un grande cambiamento

Applicare la filosofia dei samurai non richiede trasformazioni radicali o gesti eclatanti. È un processo che inizia con piccoli passi, gesti quotidiani che riflettono i valori del Bushido e contribuiscono a costruire una vita più significativa e consapevole. Per i lettori italiani, questo percorso offre un'opportunità per combinare le proprie tradizioni culturali con una prospettiva nuova e ispiratrice.

Che si tratti di praticare la disciplina, di agire con compassione o di affrontare le difficoltà con coraggio, ogni passo verso l'applicazione del Bushido rappresenta un passo verso una vita più autentica e appagante. I samurai ci insegnano che il vero successo non si misura con il potere o la ricchezza, ma con la qualità delle nostre azioni e delle nostre relazioni. È un messaggio che, se applicato con dedizione, può arricchire profondamente la nostra esistenza.

8.3 Coraggio e umiltà: La chiave per l'equilibrio interiore

Il coraggio e l'umiltà potrebbero sembrare, a prima vista, due qualità opposte. Uno richiama la forza e l'audacia di affrontare sfide e avversità, mentre l'altro invita alla modestia e al riconoscimento dei propri limiti. Tuttavia, nella filosofia del Bushido, queste due virtù sono strettamente intrecciate, formando un equilibrio fondamentale per la crescita personale e l'armonia interiore. Per i samurai, il coraggio senza umiltà rischiava di trasformarsi in arroganza, mentre l'umiltà priva di coraggio poteva condurre alla passività. Solo attraverso l'integrazione di entrambe le qualità si poteva vivere una vita di significato e integrità.

Il coraggio: molto più di un atto di forza

Nel Bushido, il coraggio (*yūki*) non era semplicemente l'assenza di paura, ma la capacità di agire con determinazione nonostante la paura. Non era un gesto impulsivo o sconsiderato, bensì una virtù radicata nella consapevolezza e nel senso del dovere. Per i samurai, il coraggio era necessario per proteggere gli altri, per affrontare il pericolo con dignità e per rimanere fedeli ai propri principi anche nelle situazioni più difficili.

Nella vita moderna, il coraggio assume forme diverse. Può essere il coraggio di affrontare un cambiamento importante, di riconoscere i propri errori o di esprimere un'opinione impopolare. Può anche significare la forza di uscire dalla propria zona di comfort per perseguire un obiettivo o un sogno. Ad esempio, un professionista che decide di intraprendere un nuovo percorso di carriera nonostante le incertezze dimostra il coraggio di scegliere l'autenticità rispetto alla sicurezza. Questo tipo di coraggio non richiede un atto eroico, ma una volontà costante di affrontare le sfide con fiducia e determinazione.

L'umiltà: una forza silenziosa

Se il coraggio è il motore che ci spinge ad agire, l'umiltà (*kenson*) è la bussola che ci mantiene sulla giusta rotta. Per i samurai, l'umiltà significava riconoscere che la vera forza non derivava solo dalle proprie abilità, ma anche dalla capacità di imparare dagli altri e di rispettare il mondo che li circondava. Era una qualità che richiedeva di mettere da parte l'ego e di accettare che il cammino verso la perfezione è un processo continuo.

Nella vita quotidiana, l'umiltà si manifesta nella capacità di ascoltare, di ammettere i propri errori e di riconoscere il contributo degli altri. Un leader che dimostra umiltà ispira fiducia e rispetto, non perché si presenti come infallibile, ma perché mostra empatia e apertura. In Italia, una cultura ricca di tradizioni e relazioni personali, l'umiltà è una qualità che può arricchire sia le relazioni professionali che quelle personali, creando connessioni più autentiche e durature.

L'equilibrio tra coraggio e umiltà

Il vero potere del Bushido risiede nell'equilibrio tra coraggio e umiltà. Queste due qualità, sebbene apparentemente contrastanti, si completano a vicenda. Il coraggio senza umiltà può portare a decisioni impulsive o a una visione distorta delle proprie capacità. L'umiltà senza coraggio, d'altra parte, può limitare il potenziale personale e impedire di affrontare le sfide necessarie per crescere.

Ad esempio, un imprenditore che decide di avviare una nuova attività deve avere il coraggio di affrontare i rischi e le incertezze del mercato, ma anche l'umiltà di accettare i consigli di esperti e di adattarsi ai feedback dei clienti. Allo stesso modo, una persona che affronta un conflitto personale deve avere il coraggio di confrontarsi con l'altro, ma anche l'umiltà di ascoltare e di riconoscere i propri errori. Questo equilibrio è fondamentale per vivere con autenticità e per costruire relazioni solide e significative.

Coltivare coraggio e umiltà nella vita quotidiana

Per integrare il coraggio e l'umiltà nella vita di tutti i giorni, è importante adottare un approccio consapevole. Il coraggio può essere coltivato affrontando gradualmente le proprie paure e accettando le sfide come opportunità di crescita. Ad esempio, fare un passo fuori dalla propria zona di comfort, anche in situazioni apparentemente piccole, come parlare in pubblico o imparare una nuova abilità, può rafforzare la fiducia in sé stessi.

L'umiltà, d'altra parte, può essere sviluppata attraverso la pratica della riflessione e dell'ascolto attivo. Prendersi del tempo per valutare le proprie azioni e per considerare i punti di vista degli altri può aiutare a mantenere una prospettiva equilibrata. In un mondo spesso dominato dall'autopromozione e dalla competizione, l'umiltà è una qualità che richiede impegno, ma che offre ricompense profonde, sia a livello personale che professionale.

Il coraggio e l'umiltà come strumenti per l'equilibrio interiore

L'equilibrio tra coraggio e umiltà non solo migliora le relazioni con gli altri, ma contribuisce anche al benessere interiore. Il coraggio ci dà la forza di affrontare le difficoltà e di perseguire i nostri obiettivi, mentre l'umiltà ci permette di accettare le imperfezioni e di imparare dalle esperienze. Insieme, queste qualità creano una base solida per una vita equilibrata e significativa.

Ad esempio, una persona che affronta un fallimento con coraggio può vedere l'esperienza come una lezione, mentre l'umiltà le permette di accettare i propri limiti e di cercare supporto. Questo approccio non solo aiuta a superare le sfide, ma favorisce anche una crescita continua e una maggiore resilienza.

Conclusione: un cammino di crescita personale

Il coraggio e l'umiltà, se integrati nella vita quotidiana, offrono una strada per raggiungere un equilibrio interiore e per vivere con maggiore autenticità. Non sono qualità innate, ma virtù che possono essere coltivate attraverso la pratica e l'introspezione. Per i lettori italiani, queste virtù possono essere particolarmente significative, offrendo una guida per affrontare le sfide della vita moderna con grazia e determinazione.

Seguendo l'esempio dei samurai, possiamo imparare che il coraggio non è privo di paura, ma piuttosto la capacità di agire nonostante essa, e che l'umiltà non è una debolezza, ma una forza che ci permette di connetterci con gli altri e di crescere come individui. Questo equilibrio, una volta raggiunto, non solo arricchisce la nostra vita, ma ci permette anche di ispirare e sostenere chi ci circonda.

8.4 Portare il samurai nel cuore: Una riflessione personale

Portare il samurai nel cuore non significa necessariamente seguire un codice rigido o vivere una vita lontana dalla modernità. Significa, piuttosto, abbracciare i valori senza tempo del Bushido e integrarli in modo autentico nella propria esistenza quotidiana. Questa filosofia, che un tempo guidava i guerrieri giapponesi, offre una saggezza universale che va oltre il contesto storico e culturale da cui ha avuto origine. Onore, disciplina, compassione, umiltà e coraggio non sono solo ideali elevati, ma strumenti pratici che possono arricchire la vita di chiunque scelga di applicarli.

Un viaggio personale verso il Bushido

Il primo passo per portare il samurai nel cuore è riflettere su ciò che i suoi valori rappresentano per noi oggi. Per i samurai, ogni azione aveva un significato, ogni gesto un'intenzione. Questa consapevolezza può ispirarci a vivere con maggiore attenzione e autenticità. In un mondo spesso dominato dalla fretta e dalla superficialità, il Bushido ci invita a rallentare e a dare valore alle nostre scelte, trasformando anche le azioni più semplici in momenti di significato.

Immaginiamo, ad esempio, di iniziare la giornata con una breve riflessione su ciò che vogliamo ottenere, su come possiamo essere utili agli altri e su come affrontare le sfide con dignità. Questo non richiede grandi cambiamenti nella routine, ma un semplice cambio di prospettiva, un modo per ricordare che ogni giorno è un'opportunità per vivere con onore e intenzione.

Vivere con coraggio e umiltà

Il coraggio non è privo di paura, così come l'umiltà non è sinonimo di debolezza. Questi due valori, che abbiamo esplorato nei capitoli precedenti, sono centrali per portare il samurai nel cuore. Vivere con coraggio significa affrontare le sfide della vita con determinazione, accettando i rischi e le incertezze come parte del percorso. L'umiltà, invece, ci insegna a rimanere aperti all'apprendimento, a riconoscere i nostri limiti e a vedere gli altri non come concorrenti, ma come compagni di viaggio.

Ad esempio, una situazione lavorativa difficile può diventare un'opportunità per praticare il Bushido. Affrontare un conflitto con un collega richiede il coraggio di esprimere le proprie opinioni, ma anche l'umiltà di ascoltare e comprendere il punto di vista dell'altro. Questo equilibrio non solo aiuta a risolvere il problema, ma rafforza anche le relazioni e il rispetto reciproco.

Trovare forza nella compassione

Un altro valore fondamentale del Bushido è la compassione. Per i samurai, proteggere i deboli e servire la comunità erano responsabilità sacre. Anche oggi, possiamo applicare questo principio nelle nostre vite, non solo attraverso grandi gesti, ma anche attraverso piccole azioni quotidiane. La compassione può manifestarsi nel prendersi cura di un familiare, nel tendere una mano a un amico in difficoltà o semplicemente nell'essere gentili con chi incontriamo.

Portare il samurai nel cuore significa vedere la compassione non come un atto straordinario, ma come una parte naturale del vivere. In un mondo che spesso enfatizza l'individualismo, praticare la compassione ci ricorda che la vera forza si trova nella connessione e nel supporto reciproco.

L'importanza dell'equilibrio interiore

Un samurai non era solo un guerriero fisico, ma anche uno studioso e un meditativo. La loro pratica quotidiana includeva non solo l'addestramento con la spada, ma anche momenti di riflessione e contemplazione. Questo equilibrio tra mente e corpo era essenziale per mantenere la concentrazione e la calma anche nelle situazioni più difficili.

Nella vita moderna, possiamo trarre ispirazione da questa pratica integrata. Ad esempio, dedicare del tempo alla cura della propria salute mentale e fisica non è un lusso, ma una necessità per affrontare le sfide con resilienza. La meditazione, l'esercizio fisico o anche una semplice passeggiata nella natura possono essere modi per ritrovare equilibrio e rafforzare il legame con noi stessi.

Un legame tra Giappone e Italia

I valori del Bushido non sono esclusivi della cultura giapponese, ma trovano risonanza anche in altre tradizioni, compresa quella italiana. La dedizione all'artigianato, il rispetto per la famiglia e la comunità, l'apprezzamento per la bellezza della natura e dell'arte sono tutti aspetti che uniscono le due culture.

Portare il samurai nel cuore significa anche riconoscere queste connessioni e valorizzare ciò che già esiste nella propria vita.

Ad esempio, l'attenzione italiana per la qualità – che si tratti di cucina, design o relazioni personali – riflette la stessa cura e dedizione che i samurai mettevano in ogni loro azione. Questa affinità culturale dimostra che i principi del Bushido non sono estranei, ma possono essere integrati in modo naturale nella vita di ogni lettore.

Conclusione: un'eredità che ispira il futuro

Portare il samurai nel cuore non significa guardare al passato con nostalgia, ma vedere nel Bushido una guida per il presente e il futuro. Ogni valore che i samurai incarnavano – dall'onore alla compassione, dalla disciplina all'umiltà – è una risorsa che può arricchire la nostra vita moderna. Non è necessario essere perfetti o seguire rigidamente ogni principio; ciò che conta è il desiderio di migliorarsi, di agire con integrità e di vivere con intenzione.

Per i lettori italiani, questa riflessione rappresenta un invito a esplorare una filosofia che, pur provenendo da una cultura lontana, offre insegnamenti universali e senza tempo. Portare il samurai nel cuore significa abbracciare un modo di vivere che valorizza la connessione, l'autenticità e la crescita personale. È un viaggio che non richiede grandi cambiamenti, ma piccoli passi quotidiani verso una vita più ricca di significato e bellezza.

8.5 Pensieri finali: Saggezza giapponese per il mondo

Nel mondo frenetico e globalizzato di oggi, la saggezza giapponese rappresenta una fonte di ispirazione universale. I valori senza tempo del Bushido, le tradizioni che celebrano la bellezza nell'imperfezione e la connessione profonda con la natura ci offrono una prospettiva diversa per affrontare le sfide della vita moderna. Questi insegnamenti, nati in un contesto culturale lontano, trovano risonanza anche al di fuori del Giappone, poiché parlano di aspetti fondamentali dell'esperienza umana: il desiderio di equilibrio, la ricerca di significato e la volontà di crescere.

Un messaggio di equilibrio e armonia

Uno dei concetti chiave della saggezza giapponese è l'armonia, sia con sé stessi che con il mondo circostante. Questo principio si riflette in molte pratiche tradizionali, come la cerimonia del tè o l'arte dell'ikebana, che insegnano a trovare bellezza e significato nei gesti semplici e nella connessione con la natura. Nel contesto del Bushido, l'armonia era vissuta come un equilibrio tra forza e compassione, tra coraggio e umiltà.

Per i lettori italiani, abituati a una cultura che valorizza la famiglia, la convivialità e il senso estetico, questo messaggio può essere particolarmente rilevante. In un mondo che spesso enfatizza la competizione e il successo personale, la saggezza giapponese ci invita a rallentare, a riconoscere il valore delle relazioni umane e a vivere con maggiore consapevolezza. Trovare equilibrio non significa rinunciare alle proprie ambizioni, ma perseguirle in modo che siano in armonia con i nostri valori e con il benessere degli altri.

La bellezza nell'imperfezione

Un altro aspetto distintivo della filosofia giapponese è il concetto di *wabi-sabi*, che celebra la bellezza dell'imperfezione e l'impermanenza. Questo approccio ci invita a vedere il valore nelle cose semplici e a trovare significato anche nelle imperfezioni. In un'epoca in cui siamo spesso spinti a cercare la perfezione a ogni costo, *wabi-sabi* ci ricorda che è nella nostra vulnerabilità e nei nostri limiti che si trova la vera bellezza.

Ad esempio, un oggetto usurato dall'uso quotidiano, come una tazza di ceramica con una piccola crepa, non perde il suo valore, ma anzi lo acquista, poiché porta con sé una storia e un carattere unici. Questo modo di vedere le cose può essere applicato anche alla vita personale: invece di concentrarci sui nostri difetti o sui fallimenti, possiamo imparare ad accettarli come parte del nostro percorso, come elementi che ci rendono autentici.

La forza delle connessioni umane

La cultura giapponese attribuisce grande importanza alle connessioni umane e al senso di comunità. Che si tratti del rispetto mostrato durante una cerimonia o del supporto reciproco tra vicini, l'idea che siamo parte di un tutto più grande è centrale nella filosofia giapponese. Questo principio si riflette anche nel Bushido, che sottolinea il valore della lealtà e della compassione verso gli altri.

In un mondo sempre più individualista, la saggezza giapponese ci ricorda l'importanza di costruire e mantenere relazioni significative. Per i lettori italiani, questa prospettiva può risuonare profondamente, poiché anche la cultura italiana celebra il valore delle relazioni familiari e sociali. Trovare modi per rafforzare questi legami, sia attraverso piccoli gesti quotidiani che attraverso un impegno più grande verso la comunità, può arricchire la nostra vita e quella degli altri.

Un invito alla consapevolezza

La saggezza giapponese non è solo teorica, ma profondamente pratica. Attraverso pratiche come la meditazione Zen, l'arte della spada o la cura di un giardino, ci invita a vivere con consapevolezza, a essere presenti nel momento e a trovare gioia nei dettagli della vita quotidiana. Questo approccio può sembrare semplice, ma ha un potere trasformativo, poiché ci aiuta a ridurre lo stress e a coltivare un senso di pace interiore.

Per applicare questa lezione nella vita moderna, non è necessario adottare pratiche complesse o cambiare radicalmente il proprio stile di vita. Anche piccole azioni, come prendersi qualche minuto per osservare il proprio respiro o per apprezzare un tramonto, possono aiutarci a riconnetterci con il momento presente e a vivere con maggiore equilibrio.

Un legame tra Giappone e Italia

Nonostante le differenze culturali, Giappone e Italia condividono molti valori fondamentali: l'amore per la bellezza, l'attenzione ai dettagli, il rispetto per le tradizioni e la centralità delle relazioni umane. Questi punti in comune dimostrano che la saggezza giapponese non è qualcosa di distante o alieno, ma qualcosa che può arricchire la nostra vita proprio perché si integra naturalmente con la nostra cultura.

Ad esempio, l'apprezzamento italiano per l'artigianato e il design di qualità riflette la stessa cura e dedizione che caratterizzano molte pratiche giapponesi. Allo stesso modo, il rispetto per le tradizioni familiari e per i rituali quotidiani è un valore che unisce profondamente le due culture. Esplorare la saggezza giapponese può quindi essere un modo per riscoprire e valorizzare aspetti della nostra stessa identità culturale.

Conclusione: una saggezza per il futuro

I valori e gli insegnamenti della cultura giapponese non sono un'eredità del passato, ma una guida per il futuro. In un mondo sempre più complesso e interconnesso, principi come l'equilibrio, la compassione e la consapevolezza sono più rilevanti che mai. Applicarli nella nostra vita quotidiana non solo ci aiuta a vivere con maggiore armonia, ma ci permette anche di contribuire a creare un mondo più rispettoso e sostenibile.

Per i lettori italiani, questa riflessione rappresenta un invito a guardare oltre le apparenze, a esplorare nuove prospettive e a trovare ispirazione in una cultura che ha molto da offrire. La saggezza giapponese, con la sua enfasi sulla bellezza, sull'equilibrio e sulla connessione, è un tesoro che può arricchire non solo la nostra vita individuale, ma anche le nostre comunità e il nostro mondo. Che sia attraverso piccoli gesti o grandi cambiamenti, portare questi valori nella nostra quotidianità è un modo per onorare il passato e costruire un futuro migliore.

9. Risorse correlate

Risorse utili per i lettori italiani

Ecco una lista di risorse per approfondire il Bushido e la cultura giapponese, ideata specificamente per i lettori italiani. Questa selezione include libri, film, documentari, risorse online e attività pratiche che possono aiutare a comprendere meglio la filosofia dei samurai e il suo valore anche nella società moderna.

Libri

1. **"Bushido: L'anima del Giappone" di Inazo Nitobe**
   Un classico della letteratura che spiega il Bushido a un pubblico occidentale. Questo libro è una porta d'accesso fondamentale alla comprensione della filosofia dei samurai e dei valori tradizionali giapponesi.
2. **"Hagakure: Il libro del samurai" di Yamamoto Tsunetomo**
   Una raccolta di riflessioni e insegnamenti che approfondisce il codice dei samurai e il loro stile di vita. Perfetto per chi cerca una prospettiva autentica sul Bushido.
3. **"Il libro dei cinque anelli" di Miyamoto Musashi**
   Scritto da uno dei più grandi spadaccini della storia, questo libro non è solo una guida alla strategia, ma anche un trattato filosofico sulla vita e sull'autodisciplina.
4. **"Lo Zen e la cultura giapponese" di Daisetz T. Suzuki**
   Questo libro esplora il ruolo dello Zen nella cultura giapponese e nei valori dei samurai, mostrando come la spiritualità abbia plasmato il loro approccio alla vita e al combattimento.
5. **"Shogun" di James Clavell**
   Un romanzo storico che offre uno sguardo dettagliato sul Giappone feudale, con una narrazione avvincente che introduce i lettori alla vita dei samurai e alle loro tradizioni.

Film e documentari

1. **"L'ultimo samurai" (2003)**
   Questo film epico esplora il declino della classe samurai durante l'epoca Meiji e i conflitti tra tradizione e modernità. È una rappresentazione emozionante e visivamente spettacolare.

2. **"Kagemusha" (1980, regia di Akira Kurosawa)**
   Un capolavoro di Kurosawa che ritrae la vita e le responsabilità di un samurai in un'epoca di guerra e intrighi.
3. **"Sette samurai" (1954, regia di Akira Kurosawa)**
   Un altro classico di Kurosawa che evidenzia il valore dell'onore e del sacrificio nel Bushido.
4. **"Bushido: The Soul of Japan" (documentario)**
   Questo documentario analizza la storia e l'influenza del Bushido, spiegandone il significato nel contesto contemporaneo.
5. **"Jiro e l'arte del sushi" (2011)**
   Un documentario che, pur trattando di sushi, incarna lo spirito del Bushido attraverso la dedizione e la perfezione dell'arte culinaria giapponese.

Risorse online

1. **Siti web sul Bushido**
   - Japan Foundation Roma: Eventi culturali e risorse sulla cultura giapponese, inclusi workshop sul Bushido.
   - Samurai Archives: Una piattaforma dedicata alla storia e alla filosofia dei samurai.
2. **Podcast**
   - *"History of Japan"*: Podcast in inglese che esplora la storia giapponese e il ruolo dei samurai.
   - *"Bushido e oltre"*: Episodi dedicati alla filosofia samurai e alla sua applicazione moderna.
3. **Piattaforme di apprendimento**
   - **Coursera**: Corsi online gratuiti o a pagamento sulla cultura giapponese e il pensiero filosofico.
   - **Udemy**: Lezioni pratiche su Bushido, Zen e arti marziali.

Attività pratiche in Italia

1. **Esperienze di arti marziali**
   - **Kendo (Via della Spada)**
     Molti dojo in Italia offrono corsi di kendo, l'arte marziale che incarna i principi del Bushido.
     Federazione Italiana Kendo: https://www.ken-zen.it
   - **Cerimonia del tè**

Partecipare a una cerimonia del tè offre una comprensione diretta della disciplina e della spiritualità giapponese.
Museo d'Arte Orientale a Venezia: Eventi dedicati alla cultura giapponese.
2. **Festival giapponesi in Italia**
    - **Matsuri Italia**: Festival culturali che celebrano le tradizioni giapponesi, inclusi workshop e dimostrazioni di arti marziali.
3. **Mostre culturali**
    - **Museo d'Arte Orientale di Venezia**
      Una vasta collezione di armature, spade e arte giapponese per immergersi nella cultura dei samurai.

Letture e pratiche per la crescita personale

1. **Praticare la meditazione Zen**
   Imparare a meditare secondo i principi dello Zen giapponese può aiutare a sviluppare la consapevolezza e la calma interiore.
2. **Apprendere la calligrafia giapponese**
   La calligrafia, o *shodō*, non è solo un'arte visiva, ma anche una pratica meditativa che incarna la filosofia della semplicità e della concentrazione.
3. **Studiare i testi del Bushido**
   Leggere e riflettere sugli insegnamenti classici del Bushido, adattandoli alla propria vita quotidiana, è un modo per portare i principi dei samurai nel presente.

Conclusione

Queste risorse offrono ai lettori italiani un percorso ricco e variegato per approfondire la filosofia dei samurai e la cultura giapponese. Che si tratti di leggere un libro, guardare un film o partecipare a un evento culturale, ogni passo avvicina alla comprensione del Bushido come fonte di saggezza universale. La filosofia giapponese, con la sua enfasi sull'armonia, la bellezza e l'integrità, può ispirare tutti, indipendentemente dal contesto culturale, a vivere una vita più ricca e significativa.

Dopo il libro

Concludere questo viaggio attraverso il Bushido e la filosofia dei samurai è per me un momento di grande riflessione e gratitudine. Questo libro non vuole essere solo una finestra su una cultura lontana, ma anche un invito a scoprire valori universali che possono arricchire la vita di ciascuno di noi. Nel rileggere le pagine che avete appena completato, mi auguro che abbiate trovato ispirazione e strumenti pratici per vivere con maggiore autenticità, equilibrio e consapevolezza.

La filosofia dei samurai, con la sua enfasi sull'onore, sulla compassione e sulla resilienza, non appartiene solo al passato. È un'eredità che continua a parlare al presente, offrendo lezioni preziose per affrontare le sfide di un mondo sempre più complesso e interconnesso. I samurai non erano solo guerrieri; erano custodi di un'etica che, seppur nata in un contesto diverso, ha il potere di trascendere il tempo e lo spazio, per trovare risonanza anche nelle nostre vite moderne.

Scrivere questo libro è stato per me un viaggio di scoperta. Ho imparato che la vera forza non risiede nella perfezione, ma nella capacità di accettare le nostre vulnerabilità e di crescere attraverso di esse. Spero che questa stessa scoperta possa essere stata condivisa con voi, cari lettori, e che il Bushido vi abbia offerto nuove prospettive per affrontare il quotidiano.

Ringraziamenti

Desidero esprimere la mia più sincera gratitudine a tutte le persone che hanno contribuito alla realizzazione di questo libro. Innanzitutto, ringrazio i maestri e gli studiosi di cultura giapponese, passati e presenti, che con il loro lavoro instancabile hanno reso possibile la comprensione del Bushido in tutto il mondo. Senza i loro testi, le loro traduzioni e il loro impegno, questo libro non sarebbe stato possibile.

Un ringraziamento speciale va alla mia famiglia, che mi ha sempre sostenuto e incoraggiato in questo progetto. La loro pazienza, il loro amore e il loro supporto sono stati una fonte inesauribile di energia durante il processo di scrittura.

Vorrei anche ringraziare voi, lettori, per aver scelto di intraprendere questo viaggio. La vostra curiosità, il vostro desiderio di apprendere e la vostra apertura verso una cultura diversa sono ciò che dà significato a questo lavoro. Spero che il libro vi abbia offerto non solo conoscenze, ma anche ispirazioni che possano accompagnarvi nel vostro percorso.

Infine, un pensiero di gratitudine va al Giappone, una terra che ha saputo custodire con cura le sue tradizioni, donandoci un patrimonio culturale e filosofico di inestimabile valore. Questo libro è un umile omaggio alla sua bellezza e profondità.

Grazie di cuore a tutti.

Con rispetto e gratitudine,

Biografia dell'autore

Fin dai tempi del liceo, ho nutrito un profondo interesse sia per la storia che per la scienza. Sono stato particolarmente affascinato dalla storia giapponese, in particolare dal periodo che va dall'antichità all'epoca Edo. Ho dedicato molto tempo all'esplorazione di diverse epoche storiche, formulando le mie teorie e riflettendo sul passato. Allo stesso tempo, ho sviluppato una passione per la fisica, in particolare per la teoria della relatività di Einstein, e ho trovato grande piacere nella lettura di libri di chimica e scienze naturali.

Quando è arrivato il momento di scegliere il percorso universitario, ero indeciso se studiare storia o ingegneria. Alla fine, ho optato per l'ingegneria, attratto dalla sua utilità pratica e dalla mia lunga passione per le automobili. Dopo la laurea, sono stato assunto da una grande azienda produttrice di nastri magnetici, dove mi sono occupato dello sviluppo delle apparecchiature di produzione. Questo lavoro mi ha offerto l'opportunità di essere inviato presso lo stabilimento in Lussemburgo, dove ho lavorato con persone provenienti da tutta Europa. In quella esperienza, ho compreso una verità semplice ma potente: nonostante le differenze culturali, siamo tutti parte della stessa società globale.

In seguito, con il declino dell'industria dei nastri magnetici, ho lasciato l'azienda per intraprendere un nuovo percorso legato a un'altra mia grande passione: gli animali. Ho avviato un'attività nel settore degli animali domestici, gestendo un negozio e un sito web, mentre continuavo a studiare la storia e a esplorare il campo dello sviluppo personale.

Oggi mi dedico a condividere la cultura e la storia giapponese con i lettori di tutto il mondo. Credo fermamente che il patrimonio culturale unico del Giappone rappresenti un valore inestimabile per le persone di ogni angolo del pianeta. Attraverso il mio lavoro di scrittura, spero di costruire un ponte tra culture diverse e di permettere ai lettori di avvicinarsi a questo mondo ricco e affascinante.

Richiesta di feedback

Grazie per aver letto questo libro. Spero che le idee e le ispirazioni contenute in queste pagine abbiano contribuito al tuo sviluppo personale o professionale. I tuoi commenti e le tue opinioni sono per me estremamente preziosi, rappresentando un'importante risorsa per migliorare e orientare il mio lavoro futuro.

Se hai trovato utile questo libro, ti sarei grato se volessi lasciare una recensione sulla piattaforma dove lo hai acquistato. Il tuo feedback non solo sostiene il mio lavoro, ma aiuta anche altri lettori a scoprire libri che possono arricchire le loro vite.

Grazie di cuore per il tuo tempo e il tuo supporto!

Autore: Hisayoshi Osawa
Editore: At Triangle S.r.l.
Dicembre 2024, Giappone